Jetitos
Así Me Llama
Jessica Burgos

Jessica Burgos

Copyright © 2024 by Jessica Burgos

Todos los derechos reservados.

Ninguna parte de este libro puede ser reproducida de ninguna forma sin el permiso por escrito del editor o del autor, excepto según lo permitido por la ley de derechos de autor de los Estados Unidos.

Esta publicación está diseñada para proporcionar información precisa y autorizada con respecto al tema cubierto. Se vende con el entendimiento de que ni el autor ni el editor se dedican a prestar servicios legales, de inversión, contables u otros servicios profesionales. Si bien el editor y el autor han hecho todo lo posible para preparar este libro, no hacen representaciones ni garantías con respecto a la exactitud o integridad del contenido de este libro y renuncian específicamente a cualquier garantía implícita de comerciabilidad o idoneidad para un propósito particular. Los representantes de ventas o los materiales de ventas escritos no pueden crear ni extender ninguna garantía. Los consejos y estrategias contenidos en este documento pueden no ser adecuados para su situación. Debe consultar con un profesional cuando sea apropiado. Ni el editor ni el autor serán responsables de ninguna pérdida de ganancias o cualquier otro daño comercial, incluidos, entre otros, daños especiales, incidentales, consecuentes, personales o de otro tipo.

JETITOS

Se han cambiado los nombres y ciertos detalles para proteger la privacidad de las personas.

paperback 979-8-9918876-0-1

hardcover 979-8-9918876-1-8

Primera edición 2024

burgosj4@gmail.com

Tabla de Contenido

Dedicación	VII
1. La Llegada de Una Reina	1
2. Estado Político de Guatemala	25
3. Nueva York, Nueva Vida	31
4. Descubriendo Mi Personalidad	42
5. Que Mala	51
6. Buscando Mi Tribu	70
7. Si Lo Quieres, No Dejes de Trabajar	127
8. Amor a Primera Vista	138
9. El Comienzo del Servicio al Pueblo	154
10. Amor Que Duele	167
11. Volviendo a Casa	189

12. Mi Herencia — 202
13. El Día En Que Todo Cambió — 207
14. Política del Viejo Mundo — 223
15. El Que Recibe Mucho — 246
16. Descubriendo Mi Vocación — 255
17. Sirviendo de Nuevo — 274
18. Mis Amistades y Relaciónes — 305
19. La Moda Es Un Estilo de Vida — 326
20. Mi Relación Con La Comida — 333
21. Energía Intuitiva — 341
22. Mi Independencia — 370
23. Madre Mas Linda Del Mundo — 377
24. Sobre La Autora — 380

Este libro es una carta de amor a mi increíble madre. Eres la guía que ha dado forma a mi experiencia en esta vida. Soy una extensión de tu extraordinario espíritu. Aspiro a emular tu gracia, fuerza y sabiduría. Mi admiración y amor por ti trascienden todos los límites. Las palabras no pueden expresar mi gratitud por el amor y el apoyo inquebrantable que me has dado. Cada vez que escucho "Jetitos" mi corazón se llena de alegría porque escucho el amor en tu voz. La misma voz que me trae consuelo y paz. La voz que escuché antes de nacer. Tu voz nunca se ha quebrado, y tampoco lo ha hecho tu espíritu. Te quiero.

Durante años, reflexioné sobre la idea de escribir este libro, plagada de dudas que resonaron en mi mente. Me preguntaba: "¿Quién se tomaría el tiempo para leer mi libro?" Confié en alguien muy especial durante una cena, compartiendo mis aprensiones. Su respuesta, encendió una chispa dentro de mí: "Jessica, hay 8 mil millones de personas en este planeta. La gente leerá tu libro." Y con eso, mi emoción se disparó. Ahora anticipo con impaciencia la venta de mis libros y las bendiciones que vienen con esta jornada.

A mi amada familia, a mis queridos amigos y a todos los que han dejado una huella indeleble en mi corazón, este libro también está dedicado a ustedes. Cada uno de ustedes me han inspirado. Me solidarizo con mis hermanos y hermanas inmigrantes que vinieron de lejos y están tratando de sobrevivir en una tierra extranjera. Aquellos que luchan por navegar por dos mundos que los unen, su país adoptivo y su tierra natal. Si yo lo hice, ustedes también pueden. Siempre les envío bendiciones interminables.

Mom, Dad, y Julius, ¡Los amo!

La Llegada de Una Reina

Esta es mi historia. Permíteme volver a reintroducirme. Sí, escribí: "reintroducir." Puede que estés pensando: ni siquiera conozco a esta mujer. Sin embargo, algunos que leen este libro ya me conocen, y aquellos que nunca me han conocido podrían estar en una jornada similar o tener experiencias similares. Mi experiencia podría resonar contigo, y podrías ver un poco de mí en ti. Sí, mi vida es única, pero millones de mujeres compartimos experiencias, desafíos y triunfos similares.

Vengo de una familia muy humilde. Nací en un hospital público llamado

IGGS en la Zona (Zona) 9 en la Ciudad de Guatemala. La ciudad de Nueva York tiene condados y Guatemala tiene zonas. Mi familia no tenía seguridad financiera. Vivir en los Estados Unidos parecía que fuéramos ricos en comparación con el nivel de pobreza que mi familia vivía en Guatemala.

El lado de la familia de mi mamá proviene de las afueras de la ciudad de Guatemala. Mi abuela materna, Yaya como la llamaba su mamá, es guatemalteca salvadoreña. Salvadoreña por parte de su papá. La familia de mi abuelo materno vivía en San Andrés Itzapa, ubicada en la región oriental de Chimaltenango. Siempre me he preguntado si mis antepasados eran mayas, pero no estoy segura de cómo averiguarlo. Tal vez debería hacerme una prueba de ADN algún día. Yaya y su mamá tienen rasgos indígenas, pero el lado paterno de mi mamá es de piel clara con ojos verdes o avellanas. Tienen características europeas.

El bisabuelo de mi papá emigró de España a Guatemala a finales de 1800. Su mamá tenía la piel clara, con ojos avellanas pero su papá tenía una tez oliva. Mi abuelo casi parecía de herencia indígena, pero honestamente no sé mucho sobre este lado de la familia.

Nací una hermosa y soleada mañana de diciembre. Jessica es mi nombre, pero también tengo un segundo nombre y dos apellidos. Eso es lo que dice mi certificado de nacimiento. Nunca entendí por qué, en América Latina, tenemos de cuatro a cinco nombres al nacer. Adoptamos nuestro apellido de soltera materna, el nombre de nuestro papá y, a veces, incluso el apellido de nuestros abuelos. Supongo que nuestros antepasados no quieren que olvidemos quiénes eran y de dónde venimos. Me preguntaba cómo mis padres eligieron mi nombre, así que pregunté. Mi mamá dijo que vio el nombre Jessica en una revista de moda, lo cual es apropiado porque me encanta la moda. Pero su apodo para mí es "Jetitos." Ella no sabe cómo se le ocurrió el apodo, pero se quedó.

El día que mi mamá me trajo a casa del hospital, mi abuela paterna nos esperaba con mi hermano. Desde el momento en que me vio, intuitivamente me mostró amor y protección. Esa sensación de seguridad duraría el resto de mi vida. Es mi hermano gemelo, Julius. Tenemos once meses de diferencia y durante cuatro días en Diciembre tenemos la misma edad. Se llama Julius, pero le llamo "B." B siempre me ha tratado con delicadeza; hasta el día de hoy, me llama baby. Es mi ángel.

Si soy honesta, mis recuerdos de mi infancia son vagos. Mis padres se fueron de Guatemala para empezar una nueva vida en los Estados Unidos. Mi mamá se fue cuando yo era una bebé. Mi papá se quedó a trabajar y cuidar a B y a mí. Él cuenta que lloré mucho después de que mi mamá se fuera. Dijo que a pesar de que yo era una bebé, sentía su ausencia. Y cuando él se fue de Guatemala, vivimos con mi abuela paterna a quien llamábamos mamá Marta. Vivimos con ella hasta que tenía seis años. Su casa era de una planta que tenía muchas ventanas. Las ventanas permitían que la luz natural brillara cada mañana. Mamá Marta tenía muebles estilo de los años 60. Sus sofás estaban cubiertos de plástico que hacía que tus muslos se pegaran a ellos cuando te sentabas. Sus paredes estaban cubiertas con marcos de fotos de miembros de la familia, incluyendo a mis padres. De vez en cuando señalaba las fotos de nuestros padres y nos decía que algún día volverían por nosotros. Y también nos llevaba a una tienda de comestibles local que recibía llamadas internacionales cuando mis padres querían hablar con nosotros. No recuerdo si mamá Marta tenía un teléfono en su casa.

Mi mamá se fue de Guatemala cuando yo tenía seis meses. Viajó a los Estados Unidos sintiéndose obligada a dejar su país de origen y a su familia por una vida mejor. Ni siquiera había oído el término "sueño americano", pero eso es precisamente lo que buscaba. Cuando se le pregunta al respecto, describe estar lejos de sus hijos como pura tortura y el momento más doloroso y solitario de su vida. Ella agonizó cada momento, preocupándose por nosotros. Siempre se preguntaba si estábamos bien, con frío, con hambre o si estábamos solos. Ella siempre oró para que estuviéramos fuera de peligro. Durante años, mi mamá se culpó a sí misma por dejarnos. Pero siempre le digo que fue la mejor decisión que había tomado, y gracias a eso, mi hermano y yo hemos tenido una vida llena de bendiciones y oportunidades.

Ahora que soy adulta, la aprecio más. Me ha contado anécdotas sobre su adolescencia. Sabía que nuestra familia era pobre, pero no tenía ni idea de lo pobre que era. Un día, mientras tomabamos cafecito, mencionó casualmente que cuando era niña, su abuela hervía tortillas viejas y quemadas. Esa agua oscura era su café. El café era un lujo que no tuvieron. La otra anécdota que me contó y nunca olvidaré es cuando recogía el carbón frío o la madera que se había quemado y usaba las cenizas como su delineador de ojos. El maquillaje era otro lujo que no podía permitirse. Yaya ya vivía en los Estados Unidos y enviaba cajas de ropa para mi mamá y sus hermanos. Esperaban ansiosamente la llegada de las cajas. Es una práctica común que los inmigrantes envíen cajas o contenedores de envío a su tierra natal llenos de ropa y artículos que su familia no pueden comprar.

Antes que quedara embarazada, mi mamá trabajaba en una oficina. La contrataron para administrar los documentos de personas buscando viajar a los Estados Unidos. En ese momento ganaba menos que el salario mínimo y se le pagaba mensualmente sin beneficios. Estaba casada y, aunque mi papá trabajaba, quería ganar su propio dinero. A mi mamá nunca le ha gustado depender de nadie. Era feliz trabajando pero de repente quedo embarasada de B. Desafortunadamente vivía en un país machista, y ella se vio obligada a dejar el trabajo para ser ama de casa. Y no trabajar le hacía infeliz. En ese entonces ya tenía tres meses de embaraso. Ella sufrió tanta pobreza durante su vida que no quería que su bebé también sufriera. Sentía la necesidad de progresar. Después llegué yo al mundo y hubieron muchos cambios. Ya no podía mas con la situación económica y tenía que hacer un cambio drástico. Ella estaba decidida a darnos una vida mejor. Ella quería darnos una vida de prosperidad. Desafortunadamente, incluso con el ingreso de mi papá, no era suficiente. A si que decidió mudarse a los Estados Unidos.

Mi papá era un agente de la policía. Su papá era sargento y su tío era jefe de policía. Aunque le parecía natural seguir los pasos de mi abuelo, era peligroso hacerlo. Mi papá es una de las personas más inteligentes que he conocido. Es observador y cauteloso sobre cómo reacciona a las situaciones. Siempre lo he admirado por esto. El crimen aumentó durante los años 70 en Guatemala, y se preocupaba por su seguridad y por la de su familia. Mi papá sabía sobre la corrupción policial en Guatemala y nunca le ha gustado la injusticia. Pero no quería involucrarse demasiado en la política en el trabajo porque era muy peligroso.

Me contó que mi padrino, sobrevivió un intento de asesinato cuando los criminales que estaba investigando instalaron una bomba en su casa o en su carro, no lo recuerdo bien. Eso asustó a mi papá. Era un oficial de policía excepcional y fue ascendido a trabajar con el Interpol. Disfrutaba su trabajo, pero decidió dejarlo todo atrás para apoyar el sueño de mi mamá de buscar una vida mejor en los Estados Unidos. El capítulo 2 explicará cómo la política a principios de los 70 comprometió la seguridad de mi papá, mi abuelo y mi padrino. Se vieron obligados a renunciar a sus carreras en la policía o abandonar Guatemala por completo. Un año después de que mi mamá se fuera de Guatemala, mi papá empacó las maletas y se unió a ella en la ciudad de Nueva York.

B y yo tuvimos una bonita infancia. Teníamos muchos amigos y siempre nos invitaban a fiestas de cumpleaños, bautismos o reuniones familiares los fines de semana. Incluso si no estuviéramos invitados, simplemente nos aparecíamos en las fiestas. Es justo decir que fuimos mimados pero éramos buenos niños. Mamá Marta nos consentía con cualquier cosa que quisiéramos. A B le encantaba ver televisión y a mí me encantaba pasar tiempo con mi tía. Mamá Marta tenía una tienda, Los Bombitos, así nos llamaban a mi hermano y a mí. La tienda estaba al lado de la casa y nosotros comíamos lo que quisiéramos. Me encantaba robarme los dulces de su tienda y llevarlos a mi cuarto. Siempre he sido golosa. B era servido como rey, y yo era la princesita de todos, y nunca nos reprendieron por comportarnos mal.

Nuestras personalidades son todo lo contrario. Por ejemplo, B siempre ha sido tranquilo. Es inteligente, talentoso, cariñoso y sensato. Sin embargo, si alguien se metiera conmigo, no dudaría en pelear. No le tiene miedo a nada. Yo, por otro lado, era traviesa y bulliciosa. Siempre me estaba metiendo en algo. Una Pascua, mamá Marta nos compró pollitos. Eran de color amarillo como el sol, eran adorables. El de B era pequeño y gordito y el mío era más delgado. Una tarde, B estaba jugando con sus amigos mientras yo me quedé en casa jugando con los pollitos. Quería darles de comer, y recuerdo haber oído que los pollitos comen gusanos que estan dentro de la tierra, así que les di de comer. Uno de los pollitos dejó de moverse después de que le puse la tierra en el pico. Al principio, pensé que estaba durmiendo, pero luego me di cuenta de que había muerto. Maté a el pollito. Pero el que maté accidentalmente era el mío. Así que, cuando B llegó a casa, le mentí y le dije que no sabía lo que le había pasado a su pollito. Estaba triste y dijo que nosotros (es decir, él, yo y nuestros amiguitos) tendríamos un entierro adecuado para su pollito. Lo cual organizó rápidamente. Puso a el pollito muerto en una bolsa plástica, y todos nos dirigimos un patio cerca del barranco. Nos paramos en silencio mientras B enterraba a su pequeño amigo peludo. Lo desenterramos una semana después para ver si todavía estaba allí. De hecho, se estaba descomponiendo. Creo que B luego lo enterró de nuevo y nunca volvimos a ese lugar.

En otra ocasión, decidimos ir la fiesta de cumpleaños de un niño. Nos lo estábamos pasando muy bien. Mi parte favorita de la fiesta fue la piñata porque eso significaba que habian dulces. Mi hermano estaba con su amigo, viendo cómo uno de los niños intentaba golpear la piñata con un palo de madera. Mientras el resto de nosotros tratamos de guiar al niño gritando y cantando, consiguió un buen batazo y rompió un gran trozo de la piñata. Automáticamente, empujé a B al suelo y le dije que me buscara dulces. Sin dudarlo, empujó a la multitud de niños para conseguirmelos. Honestamente, comí muchos dulces ese día. ¡Gracias, B!

Esos cortos años en Guatemala fueron felices. No puedo decir que haya pasado por algo negativo o preocupante, excepto una vez cuando mi abuelo paterno Geronimo (Chomo era su apodo) llegó de visita. Él y mamá Marta estaban divorciados, y él vivía en otra casa. Era un hombre muy guapo y siempre se vestía con un traje o como le decimos en Guatemala, tacuche. Nos visitaba de vez en cuando. Pero esta visita fue diferente. Todos estaban en el comedor, y él sentó a B en su pierna y, después de quitar las balas, le entregó su arma de servicio. Mi abuelo era el jefe de policía en ese momento. B estaba fascinado con la pistola. Ese día me intrigó mucho verlo, no sé porque. No le quitaba la mirada de encima. Me concentraba en su fisonomía, sus pocas arrugas y su cabello negro y grueso. También admiraba como él sonreia cuando hablaba con B. Esa fue la última vez que vi a mi abuelo, Chomo. Unas semanas después, fue asesinado mientras estaba de servicio. Los traficantes de drogas lo emboscaron durante una operación. Cuando paso eso, me acuerdo que fuimos al velorio y había mucha gente presente. También me acuerdo que mamá Marta y mis tíos lloraban mucho. Era muy pequeña para entender lo que estaba pasando. No recuerdo que nos dijeron sobre el fallecimiento. Años después me enteré del asesinato por un recorte de periódico local al que vi en el armario de mi papá. Yo tenía unos nueve o diez años cuando descubrí la verdad sobre su muerte. El artículo de noticias incluso mostró su rostro después del embosque. Eso fue horrible y bastante traumático. Incluso ahora, todavía recuerdo esa fotografía como si fuera ayer.

En diciembre de 1978, mi mamá viajó a Guatemala para buscarnos. Mi papá se quedó en Nueva York, trabajando. Estaba emocionada de reunirse con sus "bebés", asi siempre nos llama, y estaba loca por llegar. Yo tenía cinco años. Mamá Marta y toda la familia fueron al aeropuerto a recogerla. Ella también estaba emocionada de ver a mi mamá. Me daba sensación de que ella quería vernos reunidos.

Mientras nos dirigíamos al aeropuerto, mamá Marta dijo: "Su mamá ya va a llegar, y se los va a llevar a los Estados Unidos."

Pensé que íbamos a salir de Guatemala ese mismo día. Pregunté: "¿Nos vamos hoy?"

Ella respondió: "No, su mamá se va a quedar unos días y después se van todos a Nueva York. Su papá los esta esperando."

Aunque nos amaba, no era egoísta. En el fondo, ella sabía que era hora de que estuviéramos con nuestros padres.

En el momento en que vi a mi mamá caminar por el puente del avión, la reconocí de inmediato y me enamoré. Era una mujer alta, elegante y delgada con ropa colorida, y caminaba con tanta elegancia. Tenía gafas de sol que rápidamente levantaba para sujetarse el pelo. Llevaba el típico peinado de Farah Faucet de la década de los 70. ¡Ella era hermosa y era mi mamá! Honestamente, ella era muy linda y no me cansaba de admirar su atuendo. La miraba de arriba a abajo como si fuera una modelo de revista.

Tan pronto nos vimos, corrimos a abrazarla. Parecía una escena de película, pero no, era la vida real. Lloró de felicidad y nos dijo que nos amaba y nos extrañaba tanto y que nunca volveríamos a separarnos. Caminamos mientras nos abrazamos, y luego ella saludó al resto de la familia. Nos subimos a un carro y nos dirigimos a la única casa que yo había conocido. Curiosamente, el tiempo no había pasado para mí. A pesar de su ausencia, me sentí tan cerca de mi mamá como si nunca se hubiera ido. Ella era mi mejor amiga y sentí mucho amor por ella. No quería separarme de ella nunca más.

Ella llevó un equipaje enorme de ropa y juguetes para nosotros. Solo planeaba estar en Guatemala durante dos semanas, así que quería aprovechar al máximo su visita. Fuimos a Esquipulas, Guatemala. El municipio de Esquipulas se encuentra en el estado de Chiquimula. También se encuentra en la frontera de Guatemala y Honduras. Lo especial de este lugar es que alberga la enorme Basílica de Esquipulas. Es donde los católicos devotos visitan al Cristo Negro. Es realmente bellísimo. Miles de centroamericanos hacen la peregrinación anualmente para adorarlo y pedirle favores especiales. Estoy casi segura de que mi mamá quería visitar Esquipulas para agradecer a Dios por llegar a Guatemala sin problemas y para pedirle que nos pudiaramos ir a los Estados Unidos sin retrasos.

Visitamos El Mercado Central, donde las mujeres indígenas venden productos frescos; otros venden almuerzos típicos guatemaltecos como pepian, pollo en salsa de chile verde, con frijoles negros y tamales o chuchitos. Los chuchitos son similares a los tamales mexicanos, pero más pequeños. Con cada comida, le sirven tortillas de maíz recién hechas. También ves vendedores en el mercado; venden artesanías como ollas de barro y ropa guatemalteca típica muy colorida, y artículos de cuero. Los ciudadanos visitan el mercado casi diario, y también encuentras turistas allí durante todo el año.

En esa época, había un restaurante llamado El Sócalo. La gente iba a este restaurante a comer y escuchar música en vivo. La música nacional de Guatemala es Marimba, el instrumento principal es el xilófono. Era uno de los lugares favoritos de mamá Marta para celebrar eventos familiares. Fuimos a

El Socalo para celebrar la llegada de mi mamá. Un hombre se acercó a ella para bailar. Mi hermano estaba tan bravo y celoso que le dio una patada al hombre. Pateó al hombre varias veces, obligándolo a alejarse.

Las semanas pasaron rápido, y era hora de dejar atrás nuestra vida en Guatemala. Mi mamá consiguió visas para que los tres pudiéramos viajar a los Estados Unidos sin problema. Nuestro viaje a los Estados Unidos fue legal y rápida. La mañana del vuelo, mamá Marta lloró mucho. Una vez más, toda la familia nos fue a dejar al aeropuerto. Ella me abrazó como un millón de veces. Me despedí de mis tíos y tías que vivían con nosotros y nos cuidaron.

Mi tía era como una hermana mayor para mí. Ella me llevaba a todas partes y aseguraba de que yo tuviera todo lo que necesitaba. Ella me quería mucho.

Cada día de pago, ella me compraba algo, por ejemplo mi fruta favorita o un juguete pequeño. Sus regalos no eran caros, pero me hacían feliz. Tenía un gran corazón, y sabía que la echaría de menos. Pero cuando abordamos el avión, rápidamente me olvidé de la familia que estaba dejando atrás. La capacidad mental y emocional de alejarme fácilmente de ciertas situaciones me ayudaría más tarde como adulta. Estaba asombrada por el avión. Corrí a sentarme a la par de la ventana. ¡Realmente fue el vuelo el que cambió mi vida!

Desde una edad temprana, he tenido un corazón de gratitud. Estoy agradecida de que Dios me haya permitido ser parte de esta familia. Podría haber nacido en otra parte del mundo, en otra cultura o con otra familia. Mi vida podría haber sido dolorosa, llena de desafíos y atrocidades. Pero no fue asi. Dios me colocó aqui, con ellos. Ninguna familia es perfecta, pero para mí, es casi perfecta. El amor y el apoyo que recibí de mi familia ha sido una gran bendición. Jugó un papel importante en mi autoestima y seguridad. Es por eso que les atribuyo una infancia feliz y saludable. Trato de honrar a mi familia y representarla con mucho respeto y humildad como me han enseñado.

Estado Político de Guatemala

En el año de mi nacimiento, Guatemala se encontraba en un período crucial de transición política. A medida que crecía, aprendí sobre los eventos y desafíos que dieron forma al país durante este momento significativo de su historia. Aunque no era consciente de los desafíos políticos en ese momento, a través de la investigación y platicas, entendí más del panorama político que rodeaba mi año de nacimiento. Mi papá es un gran recurso, así que lo entreviste. Sus recuerdos de los acontecimientos mientras estaba en la fuerza policial y en la Interpol es increíble.

Para entender el entorno político, es importante conocer la historia de Guatemala hasta ese punto. El país había sufrido un ciclo de larga inestabilidad política marcado por intervenciones militares, regímenes autoritarios y desigualdad social. Estos factores fueron lo que desarrollaran eventos aterradores durante este período.

En 1972, el presidente Carlos Manuel Arana Osorio tenía el poder en Guatemala. Fue elegido en 1970. Su administración formaba parte de una serie de gobiernos militares que habían controlado el país. Las políticas de desarrollo, el conservatismo social y un firme control sobre el poder caracterizaron su presidencia.

Guatemala se enfrentó a numerosos desafíos sociales y económicos en 1972. El país luchó contra la pobreza, el acceso limitado a la educación y la atención médica, y una inigualdad de riqueza significativa. Estas condiciones alimentaron el descontento entre la población y prepararon los movimientos políticos que abogan por el cambio.

A pesar de las limitadas libertades políticas bajo el régimen militar, surgieron movimientos de base. Estos movimientos trataron de abordar los problemas sociales apremiantes y luchar por la reforma política. Varios grupos, incluidos los sindicatos, las organizaciones indígenas y los estudiantes, fueron esenciales para abogar por la justicia social y la democracia.

El régimen militar de Arana respondió con represión y abusos de los derechos humanos. Los activistas, periodistas y personas que criticaban al gobierno a menudo los acosaban, los metían presos o los desaparecían. El miedo y la censura crearon un entorno desafiante para aquellos que buscaban un cambio significativo. Según un artículo de PBS News Hour publicado el 7 de marzo de 2011, titulado Timeline: Guatemala's Brutal Civil War. La guerra civil fue responsable de la muerte de miles de personas. La mayoría de los cuales eran mayas, el grupo indígena más grande de Guatemala. Este artículo también presenta un informe que la Comisión Interamericana de Derechos Humanos publicó en 1981, que corrobora estos hallazgos. Desafortunadamente, no pude acceder al informe, ya que el enlace está desactivado.

Reflexionando sobre el mundo político de Guatemala durante mi año de nacimiento, reconozco la compleja dinámica en juego. Aunque en esos tiempos, no era directamente consciente de lo que pasaba a mi alrededor, he llegado a comprender la importancia de este tiempo que dio forma a la trayectoria del país. Las luchas, aspiraciones y movimientos políticos durante este tiempo afectarían el camino de Guatemala hacia la democracia y la justicia social.

No sabía que la política se convertiría en una de mis pasiones. Y que algún día trabajaría con políticos. No sigo la política guatemalteca, pero sí sigo la política y participo en las elecciones locales, estatales y federales de los Estados Unidos. Cada vez que voto, lo hago en nombre de todos mis hermanos y hermanas inmigrantes que no pueden votar, pero que aún así contribuyen a la economía de este país. Me solidarizo con las mujeres de la industria de la hospitalidad, los hombres que trabajan en la construcción o "jornaleros", las niñeras y especialmente con las que han sido víctimas de trata. Y aunque en estos días los migrantes han sido etiquetados como vagos o criminales, es solo un pequeño porcentaje el que es culpable de eso. La mayoría venimos o somos traídos de niños a buscar una vida mejor, saludable y próspera. Me he dado cuenta que la política es una espada de doble filo que puede atravesar el grueso velo de la injusticia en nuestra nación, pero también cortar las líneas de los servicios esenciales para los más vulnerables entre nosotros. Y también la política se puede usar como un arma para proponer proyectos de ley y aprobar leyes que lastimen deliberadamente a los del partido contrario.

Nueva York, Nueva Vida

LLEGAMOS A NUEVA YORK el 3 de Enero de 1979. Mis padres tenían un apartamento en el vecindario de Williamsburg, en Brooklyn. Mi hermano tenía siete años, yo seis. El apartamento de mis padres era diferente de lo que yo tenía en Guatemala. Nuestro apartamento estaba en el tercer piso de un edificio estabilizado por alquiler de seis familias. No había ascensores. Las ventanas nos rodeaban, así que despertarme con toda esa luz del sol me alegraba las mañanas. Los muebles eran más modernos que los de mamá Marta. Los muebles de dormitorio de mi mamá eran verde claro con orillas doradas. Eran muy pesados y eran hechos de madera real. No es la madera comprimida que encontramos hoy en día. No estoy segura si los muebles del dormitorio se les dieron como regalo o si los compraron ellos mismos. De cualquier manera, pensé que todo parecía muy elegante.

Nuestra cocina era mi lugar favorito para pasar el tiempo. Después de hacer mi cama todas las mañanas, me acercaba a la cocina para encontrar a mi mamá, B, y a mi primita. Dos ventanas grandes dejaban entrar la luz. No recuerdo si teníamos cortinas; solo recuerdo que había mucha luz, y me encantaba. Olía a desayuno, por lo general huevos, frijoles y pan. Mi mamá también nos daba un vaso de jugo de manzana, pero no era cualquier jugo, era la marca Mott's.

Mi parte favorita de la mañana era la cálida y amorosa sonrisa de mi mamá mientras me saludaba con un abrazo y el habitual "Buenos días, Jetitos." Ella nos enseñó a decir "buenos días, buenas tardes, y buenas noches." También nos enseñó a decir "gracias y por favor." No me acuerdo aprender esos modales en Guatemala pero ella nos obligó a hablar con educación y a tratar a la gente con respeto. Mi rutina matutina era hacer mi cama, cepillarme los dientes, desayunar, vestirme, peinarme y luego irme a la escuela.

Tenernos con ella de nuevo llenaba su corazón de alegría. Se mostró en la forma como nos hablaba, nos trataba con amabilidad y respetaba nuestro espacio. No estoy segura si es algo latino, pero mi mamá nos mostró mucho afecto. Todavía lo hace, eso nunca ha cambiado. Ella quería compensar el tiempo perdido, así que compensó en exceso al consentirnos.

Trató de no consentirnos con cosas materiales. Su forma de compensarnos era pasar tiempo con nosotros cuando no estaba trabajando. Realmente le encantaba pasar todo su tiempo libre con nosotros. Debido a que mi papá tenía que trabajar, ella nos llevaba al cine o de compras sola. Ella nunca nos negó nada. Siempre nos complacía con McDonald's o Pizza u otra comida deliciosa que descubríamos en Nueva York. Era un mundo nuevo y ella estaba encantada de explorarlo con nosotros. Ya, su familia estaba completa.

Por la mayor parte, me sentía feliz. Sin embargo, estaba viviendo en un nuevo país, asistiendo a una nueva escuela, aprendiendo un idioma diferente y haciendo nuevos amigos, lo cual fue un desafío. A los seis años fue difícil, y rápidamente aprendí que no sabía cómo comunicar mi frustración. Cada vez que pasaba por algo difícil, sufría en silencio e iba al baño, lloraba y me jalaba el pelo. No mucho después de eso, tuve rabietas y me rascaba los brazos. En esos momentos, mi mamá también sufriría. No quería que me hiciera daño. Ella lloraba y confiaba en mi papá, y él le aseguraba que todo estaría bien. Él le dijo que estaba teniendo dificultades para adaptarme a mi nueva vida, pero que pronto estaría bien. Así fue. Mis padres leyeron libros de autoayuda y psicología infantil y buscaron consejería para la familia. Esa parte fea y breve de mi infancia pasó, y gracias a Dios nunca la volví a experimentar. En retrospectiva, mi papá tenía razón; extrañaba la única vida que conocía con mamá Marta, mi tía, mi tío y mis amigos. Tomando en cuenta mis sentimientos, mi mamá me inscribió en las Las Chicas Exploradoras, el equipo de softbol de chicas local, una liga de boliche juvenil, ballet y cualquier otra cosa que pudiera encontrar para mantener mi mente ocupada y permitirme socializar.

Mi mamá se dio cuenta de que me encantaba bailar y me inscribió en la clase de ballet. Asistí a clases de ballet en Carnegie Hall. Carnegie Hall es una de las salas de conciertos más prestigiosas de Nueva York y del mundo, famosa por su excelente acústica y su rica historia en el ámbito musical. Cuando estudiaba baile allí, me acuerdo que mi instructora de baile nos decía: "Cierren los ojos y sientan la música en su cuerpo." Y lo hacía. Me encantaba ir a la clase de ballet, pero Carnegie Hall se puso demasiado caro y mi mamá tuvo que sacarme. Me inscribió en otro estudio de baile en Greenpoint, Brooklyn. Pero no me gustaba allí porque mis amigas de ballet estaban en el Carnegie Hall. Además, la instructora bailaba zapateado, yo quería bailar ballet. El ballet es delicado, femenino y sofisticado. La escuela de Greenpoint no tenía nada que ofrecerme, así que le pedí a mi mamá que me sacara. Ella lo hizo. Aunque no asistí a otro estudio de baile, aún así bailaba siempre que era posible.

Pero la verdadera razón por cual pude superar esa etapa difícil fue porque ella lo manejó con cuidado y amor. A menudo decía: "Jetitos, puedes decirme cualquier cosa. Eres mi mejor amiga." Ella creó un espacio seguro para mí.

Otra cosa que me ayudó a acostumbrarme fueron las fiestas en casa en el apartamento de Yaya. Celebramos las fiestas en su apartamento; todo el mundo venía, y comíamos, bailábamos y hablábamos hasta amanecer. Siguiendo con nuestras tradiciones, Yaya y mis tías hacían tamales, ponche, y chuchitos, y decoraban la mesa con fruta fresca, nueces y chocolate. Celebramos nuestra herencia todo el tiempo, pero la comida guatemalteca era imprescindible para las fiestas. Lo esperaba con ansias todos los años.

Estas fiestas en casa fueron muy divertidas. A uno de mis tíos le encantaba bailar, y yo bailaba con él. Bailamos Salsa, Cumbia y Merengue. Si pudiera elegir el trabajo de mis sueños, sería una bailarina profesional. Me encanta lo elegante que se mueven. Por eso me encanta el ballet.

Pronto me enamoré de la salsa. Me sabía las palabras de todas las canciones. Durante una de nuestras fiestas en casa, mi tío Juan Carlos, que en paz descanse, me dio un casete. El lado A tenía canciones de Frankie Ruiz y el lado B Eddie Santiago. ¡Ese fue el mejor regalo de mi vida! Solía llamarme Jacinta Pichimawera. No sé de dónde sacó ese nombre ni por qué me llamaba asi. Era muy juguetón.

Una nochebuena, me entregó el casete envuelto con papel de navidad y me dijo: "Jacinta Pichimawera, esto es para voz. Feliz Navidad."

Hablaba un poco duro, pero tenía un corazón de oro. Era un buen ser humano y muy amable. A mi tío le encantaba pescar y cocinar. Su lenguaje de amor era Actos de Servicio. Le encantaba unir a la familia y cocinarle a todos. Era desinteresado. Te daría su último dólar si lo necesitaras. Yo estaba agradecida por su regalo. Toqué ese casete tantas veces que la cinta se arrugó y se rompió. Al darme ese casete, me mostró que prestó atención. Se tomó el tiempo para comprarlo y envolverlo, y pensar que me daría alegría. Tal vez, alguna vez me escuchó cantar salsa. Hasta el día de hoy, cuando escucho a esas canciones, pienso en él.

Otra cosa que me encantaba de nuestras fiestas era la excusa para comprar ropa nueva. Usaba la excusa de "ya me puse eso, y la gente ya me vio con ese vestido" para que mi mamá me comprara uno nuevo. Yo era una mini diva. Pero mi mamá lo entendía, y nunca negaba mi petición. Después de todo, ella misma era una diva. Y la mejor parte de comprar ropa es que ella y yo lo hicimos juntas. Ella respetaba mi opinión. "Jetitos, ¿qué te parece esta blusa?" Ella preguntaba en la tienda. Mi opinión siempre a sido importante para ella.

Mis primos y amigos también me hacían feliz. Nuestro apartamento era el lugar favorito de todos para pasar el rato. Nuestros amigos nos visitaban. Mis padres eran como la versión guatemalteca de los Huxtables (antes de los escándalos, por supuesto). Mis amigos respetaban a mis padres y pensaban que eran divertidos. Tuvimos muchos momentos felices en ese apartamento. Años más tarde, nos mudamos porque el apartamento era demasiado pequeño y necesitábamos espacio. Sin embargo, me llevé todos los grandes recuerdos y las costumbres que mis padres me inculcaron. Todas estas experiencias me ayudaron a adaptarme a mi nueva vida en Nueva York.

Descubriendo Mi Personalidad

Mi mamá noto que yo tenía un espíritu de independencia desde la infancia. Ella me contaba que cuando estaba en la escuela primaria, me vestía o cepillaba el pelo sola y no dejaba que ella me ayudara. A una temprana edad ya sabía qué ropa quería ponerme y cómo quería peinarme. Ella tenía razón; ahora que recuerdo, ni siquiera permitiría que mi papá me ayudara a llevar mi bolsa de libros a la escuela, no importaba si estaba pesada.

Toda mi vida, me he sentido libre de expresarme en la forma en que bailo, camino, hablo, escribo y me visto, todo gracias a mi familia, que me ha mostrado amor y apoyo. Mi mamá me animó a ser auténtica en todos los sentidos. Aunque a veces quería atenderme y cuidarme, mi necesidad por hacer mis cosas no se lo permitía. Por ejemplo, a la hora de la cena, yo me servía; no permitía que nadie me sirviera. Sabía lo que quería comer y la cantidad de comida. Puede sonar arrogante, pero esto es parte de mi personalidad. Apuesto a que algunas personas dirían que soy controladora, y tal vez eso no esté muy lejos de la verdad. Pero solo conmigo misma.

A veces me pregunto por qué siempre he tenido un alma independiente y si es bueno o malo. ¿Eso significa que me gusta controlar mi vida, o tengo problemas recibiendo ayuda de otros? ¿Tengo una personalidad controladora? Creo que cada persona exitosa tiene un poco de independencia y control. Pero mientras no tratemos de controlar a nadie más, creo que está bien. También supe que ya traía un espíritu de una líder, no seguidora. Y esa cualidad me iba llevar muy lejos.

Mis padres nos matricularon en una escuela pública. Debido a que llegamos en un momento extraño del año escolar, mi hermano fue colocado en primer grado conmigo. La administración nos colocó en una clase bilingüe ahora conocida como inglés como segundo idioma o ESL. Eso no duró mucho porque mi mamá pidió que nos colocaran en clases regulares para que pudiéramos aprender inglés. La escuela dijo que no era una buena idea.

Después de un corto debate, mis padres nos matricularon en una escuela católica de los grados dos a seis. Las monjas y los sacerdotes eran nuestros maestros. Las monjas eran extremadamente estrictas. Me enseñaron a sentarme derecho con las manos dobladas sobre el escritorio y los tobillos cruzados. Ellos exigieron que usáramos las palabras "por favor" y "gracias." También que hablara en oraciones completas y usara el tono adecuado. Me animaron a comunicar mis sentimientos en todo momento. Curiosamente, incluso a una temprana edad, aprecié la estructura y la disciplina que proporcionaban. Aprendí que la estructura era necesaria en mi vida. Esa misma estructura me ayudó a tener éxito a lo largo de los años en cada experiencia y etapa de mi vida y carrera. Vivo una vida muy intencional y lo atribuyo a esos años de formación.

También aprendí a vivir una vida equilibrada. Mis padres se aseguraron de que asistiéramos a la escuela durante la semana, y nuestras actividades extracurriculares después de la escuela. Los fines de semana, se aseguraron de que disfrutáramos de nuestro tiempo libre. Pero el tiempo libre de alguna manera se convertía en hacer tareas o actividades que no eran divertidas en absoluto. No siempre me lo pasaba bien.

A mi papá le encanta el fútbol. Los sábados, nos fuimos al parque Red Hook, donde celebraban partidos de fútbol. Al principio, disfrutaba yendo para aprender mas de la cultura y la comida. En el parque, conocimos a gente de Centroamérica, en su mayoría de Guatemala y El Salvador. Las damas salvadoreñas vendían pupusas y refrescos, mientras que las guatemaltecas vendían pollo o ternera con tortillas y rellenitos. Los rellenitos son plátanos maduros fritos rellenos de puré de frijoles negros dulces. Después de freírlos, se espolvorean con azúcar granulada. ¡Me encantan! Rellenitos me transportaba a Guatemala cuando vivía con mamá Marta. Ese era nuestro tiempo libre. Cuando el partido de fútbol había terminado, mi papá nos llevaba el supermercado Pathmark. Hacer la compra después del fútbol era idea de mi mamá porque siempre a sido una maestra de multitarea. Tenía que llenar cada segundo de su día con una actividad. Mi mamá se aseguraba que entendiéramos la importancia de no perder el tiempo. Teníamos que ser productivos todo el día, todos los días. Solía decir "El tiempo perdido lo lloran los santos." Yo trataba de seguir sus reglas, pero de alguna manera, siempre me metía en algo.

Para ser honesta, no siempre seguí las reglas. A veces era traviesa. Uno de mis muchos recuerdos fue cuando mis padres compraron una cámara Polaroid instantánea para nuestros eventos familiares. Un día después de la escuela, saqué la cámara y empecé a fotografiar a B y a mí haciendo caras divertidas. Algunas selfies salieron claramente, mientras que otras mostraban parte de mi ojo solamente. Me divertía mucho tomando fotografías, y todavía lo hago. Ese día, mi mamá estaba caminando la estación de tren alrededor de las 6 de la tarde y notó un montón de Polaroids en la calle cerca de nuestro edificio. Se preguntó, ¿quién haría esto? Cuanto más se acercaba al edificio, más fotografías encontraba en el suelo. No tenían imágenes. Cuando subió, nos habló de las Polaroids. Inmediatamente dije: "¡No fui yo!" B dijo lo mismo. Por supuesto, me preguntó: "Jetitos, ¿Tu tiraste esas Polaroids por la ventana?" Rápidamente confesé, pero no fui castigada. Solo me dijo que no lo volviera hacer.

Otra vez fue cuando encontró un montón de vitaminas en la acera. Sí, eran mis vitaminas. Todas las mañanas nos daba vitaminas. No me gustaba el sabor, así que fingía tragarlas con el jugo de manzana. Cuando ella daba la vuelta, las tiraba por la ventana. Ella reconoció las vitaminas y tuvo la sensación de que eran mías. Ella me preguntó y confesé. Para asegurarse que yo me las tomara le pidió a mi papá que deshiciera las vitaminas y las echara en el jugo. El jugo sabía diferente y descubrí lo que estaban haciendo entonces no me lo tomaba. También me habló sobre la importancia de no tirar basura por la ventana y me dijo que no lo volviera a hacer. No lo hice.

Pero mi mamá estaba decidida a que tomara vitaminas, así que empezó a darme masticables. Nos compró las vitaminas de Picapiedra. A mí tampoco me gustaban. Pero ella ya me había regañado tirarlas por la ventana, empecé a tirarlas por el inodoro.

Que Mala

Mis padres tenían que trabajar y no nos podían dejar solos en el apartamento. B y yo necesitábamos que un adulto nos cuidara. Así que para ayudar con esto, buscaron la asistencia de una trabajadora social que los conectaría con una niñera "certificada por la ciudad de Nueva York." Pronto, conoceríamos a la señora que dio un significado diferente a la estructura y la disciplina. Aunque apreciaba la disciplina de las monjas, después de conocer a esta mujer, asocié la disciplina con el castigo y abuso físico y emocional. Mi mamá nos llevó a su casa el domingo antes de que empezara a cuidarnos. No recuerdo mucho de esa visita. También habían otros niños que cuidaba. Ella fue contratada para recogernos de la escuela a las tres de la tarde y llevarnos a su apartamento. Tenía que asegurarse de que hiciéramos la tarea hasta que uno de mis padres nos recogiera, generalmente a las seis de la tarde. Mi mamá no quería que pasáramos hambre, así que le pagó extra para que nos preparara la cena. Esta mujer era una excelente cocinera. Podía hacer que un simple sándwich de mantequilla de maní y mermelada tuviera el sabor gourmet. Me encantaban sus ensaladas, arroz blanco y frijoles o habichuelas. También hacía pollo frito o bistec, que yo no comía. Su cocina olía a especias caribeñas. Ella nunca mandaba a buscar comida rápida porque cocinaba los siete días de la semana.

Yo no confiaba en ella. Algo en mi espíritu me decía que no era buena.

Ella nunca sonreía y andaba enojada todo el tiempo. Unos meses después de conocerla, vi lo mala que era. Una tarde, nos sirvió a todos un plato de bistec, arroz, frijoles y ensalada de tomate. Mientras ajustaba mi silla para sentarme en la mesa, le pedí que me quitara el bistec y me comería el resto. Ella se ofendió y me exigió que me comiera todo lo que había en mi plato. Le dije de nuevo que no quería bistec porque no me gustaba la carne. En un tono inapropiado y combativo, dijo que no me podía levantar de la mesa hasta que me lo comiera todo. Ella tenía este tipo de actitud de "yo soy la jefa." B le dijo que no lo quería. Pero a ella no le importaba. Así que, como ella era mala conmigo, no toqué nada en ese plato. Era mi forma de mostrarle que no podía intimidarme. Esa relación entre niñera y niña no tenía futuro porque teníamos el mismo temperamento. A las dos nos gustaba llevar el control. Y ninguna retrocedió durante una confrontación. Ella, sin embargo, fue tonta al actuar de manera combativa contra una niña. Pero eso es lo que hacen los adultos abusivos.

Y no fue solo conmigo. Durante meses, fui testigo de cómo le hablaba y trataba a su hijo adoptivo. Ella lo hacía sentir inferior y lo culpaba por cualquier cosa que salía mal en su casa. Yo era joven y ya sentía que su alma era negra. La mayoría de tiempo, fui muy respetuosa con ella. Pero una tarde de verano, ella cambió eso. No estoy segura de por qué nos mandaba a tomar siestas al mediodía. Una tarde, fingí dormir, y de repente, ella entró a la habitación y despertó violentamente a su hijo adoptivo. Ella lo levantó por el pelo. Cuando se despertó, y lo que vi fue miedo en sus ojos. Ella prácticamente lo arrastró fuera de la cama y de la habitación. Lo escuché llorar, y con solo ocho años, yo no sabía cómo ayudarlo.

Más tarde, nos llamó a la cocina y nos sirvió la cena. Estaba tan brava con ella por el incidente que tomé represalias. Le dije que no tenía hambre y que no comería. Ella me dio una mirada que nunca olvidaré. Sus ojos penetrantes ardieron mi mente. Ella me miró fijamente y yo le devolví la mirada. Ella tenía una forma de hablar con la gente de una manera condescendiente y amenazante. Pero yo estaba brava, y no le tenía miedo. Quería que se sintiera rechazada e irrespetada. De nuevo, me senté allí hasta que apareció mi mamá. Mi mamá llamó por teléfono y le dijo que estaba frente al edificio. Cuando escuché que estaba abajo, corrí a buscar mi bolsa de libros. Estaba a punto de salir del apartamento cuando ella me jalo de la camiseta violentamente, a lo que retiré mi brazo y le dije que no me tocara. Ella dijo que yo era irrespetuosa y que se lo iba a decir a mi mamá. De forma desafiante, le tiré la puerta del apartamento en la cara.

Esa noche, llamó a mi mamá y le dijo que seguiría cuidando a mi hermano, pero que no me quería en su casa. Ella dijo que yo tenía una actitud terrible y que era irrespetuosa. Asombrada, mi mamá le preguntó qué había pasado. Escuché su conversación. Mi mamá también dejó claro que yo no era una niña irrespetuosa y que probablemente estaba reaccionando a algo que ella había hecho o dicho. Aunque no conocía los hechos, mi mamá me defendió. Ella siempre lo ha hecho.

Al colgar, mi mamá me preguntó: "Jetitos, ¿Qué pasó en la casa de la niñera? Ella acaba de llamar y dijo que fuiste irrespetuosa con ella y que no quiere cuidarte mas."

Le dije que era mala y que no era una buena persona.

Me preguntó: "¿Te hizo daño?" Fui honesta. Conteste, "No. Pero ella no es buena y le cerré la puerta en la cara."

"Le devolveré la llamada. Por favor, no vuelvas a hacer eso." Ella continuó, "Pero si te hace algo a ti o a tu hermano, por favor, dímelo."

"No, ma, solo está brava todo el tiempo." dije. Sabía que mis padres necesitaban sus servicios porque no había nadie más disponible para cuidarnos. Mis padres tenían que trabajar.

Sin embargo, no fui honesta de por qué estaba brava con esa mujer. Me lo guardé para mí. A pesar de que confiaba en mi mamá y le contaba casi todo, esta situación era diferente. Le dije a mi mamá que la señora tenía un altar en su dormitorio y que pensaba que era rara.

Al escuchar esto, mi mamá tenía curiosidad por este "altar" y le preguntó: "¿Por qué estabas en su dormitorio?"

Le expliqué que estaba caminando hacia el baño cerca de su dormitorio unas semanas antes. La escuché hablar sola. Sabía que estaba sola porque los otros niños estaban en la sala viendo televisión y su esposo estaba en el trabajo. Alguien tocó el timbre y ella bajó las escaleras para abrir la puerta. Corrí a su habitación para ver con quién estaba hablando. Lo que vi fueron velas encendidas, estatuas religiosas, fotos y frascos con cosas en su armario. Ella también estaba quemando algo. Pensé que era un cigarrillo en ese momento, pero ahora sé que era incienso. Le dije a mi mamá lo que había presenciado.

Ella dijo: "Jetitos, respeta su privacidad y mantente fuera de su dormitorio." Lo hice.

Mi mamá quería enseñarme una lección sobre el respeto del espacio y la privacidad de otras personas, pero también quería protegerme de los oscuros rituales de esa señora. Mi mamá era muy sabia.

Ella llamó de nuevo a la niñera y le dijo que yo no volvería a tirarle la puerta. Luego le recordó a la niñera que estaba bajo contrato y que, a menos que la situación conmigo causara un problema de seguridad, seguiría cuidando a los dos. No estoy segura de lo que la señora le dijo a mi mamá, pero mi mamá parecía contenta. Me quede sorprendida. Esperaba que mi hermano y yo no tuviéramos que volver a su casa. Decidí que iba a mantenerme al margen. También decidí no comer su comida. Incluso si tuviera hambre, esperaría y comería cuando llegara a casa.

A partir de ese día, empecé a llamarle "La Bruja." La llamé así por sus rituales y por cómo abusó de su hijo adoptivo. Una parte de mí siempre quiso vindicarlo, pero no quería meterme en problemas. Mis travesuras me meterían en problemas todo el tiempo, pero solo me afectaban a mí. No quería meterme en problemas e involucrar a alguien más. Especialmente a mi hermano. También a su hijo adoptivo, que ya habían sufrido tanto.

Un día, ella le gritó tan fuerte sin ninguna razón. Me enfureció. Entré en su baño, agarré las colonias de su esposo, el Pepto Bismol, Listerine y todo lo demás que pude encontrar en su botiquín, y lo tiré por el inodoro. Admito que ese día sí me pasé. Pensé que ella sospecharía inmediatamente que fui yo. Sin embargo, para mi asombro, ella no pensó que fuera yo en absoluto. Ella cuidaba a muchos niños, así que podría haber sido cualquiera de nosotros. Mi mamá no recibió la llamada telefónica y yo no me metí en problemas. Ya estaba harta de tanto abuso.

Después me di cuenta que su hijo adoptivo no era ningun ángel tampoco. Y luego hizo algo que me sorprendió. Sabes ese dicho: "¿Personas lastimadas, lastiman?" Bueno, es muy cierto. Yo tenía alrededor de nueve años cuando casi soy víctima de esto. Había una tienda italiana en la planta baja en la vecindario de la niñera. B y yo estábamos en su casa una tarde de verano, y fui a la tienda por algo. Estaba en el pasillo subiendo las gradas, y el hijo adoptivo, a quien siempre defendí en mi mente y con quien sufrí en silencio, me saltó por detrás y trató de clavarme contra la pared. Quería darme un beso a la fuerza, y mientras intentaba luchar contra él, su hermano salió de la nada y lo alejó de mí. Lo tiró con tanta fuerza que el niño voló al otro lado del pasillo. Su hermano me salvó de Dios sabe qué. Rápido corrí y me pare atrás del hermano bueno. También le advirtió al niño que se mantuviera alejado de mí, o lo iba a golpear. Le grité al niño que si alguna vez me volvía a tocar, se lo diría a su mamá. Sabía que le tenía miedo. Ese chico era un adolescente, así que me imagino que sus hormonas estaban fuera de control. Nunca le conté a nadie sobre ese incidente. Y nunca me volvió a tocar. Pero se sintió rechazado por mí y buscaría venganza unos años después.

Gracias a Dios, el siguiente septiembre, mis padres nos transfirieron a una escuela más cerca a casa y le pagaron a mi abuela Yaya para que nos cuidara. Incluso a esa edad, tenía un espíritu de discernimiento y sabía que La Bruja no era una buena persona. Mi espíritu la rechazaba a ella y a todo lo que representaba. La energía de esa señora era negativa. Sentí que su casa también tenía mala energía. Tan pronto nos apartamos de ella, empezaron a suceder grandes cosas. Esa experiencia me enseñó que cuando te separas de situaciones que no son buenas para ti, Dios te recompensa y te baña con bendiciones que solo Él puede dar.

Una de las bendiciones fue que obtuvimos fue nuestra residencia. Mis padres solicitaron la residencia legal, y no pasó mucho tiempo antes de que el gobierno de los Estados Unidos nos programara una cita con la embajada en la Ciudad de Guatemala para la entrevista. Después de que mis padres fueran entrevistados, los funcionarios pidieron hablar con B y conmigo. Solo querían saber si éramos felices viviendo en los Estados Unidos. Nos preguntaron si teníamos amigos en Nueva York. Nos preguntaron si queríamos vivir en Guatemala. A pesar de que echaba de menos a mamá Marta y a mi tía, era feliz en Nueva York. Fuimos honestos y se nos concedió la residencia ese día. Mis padres estaban aliviados y muy felices. Sobre todo porque por varios años vivieron con miedo por "la migra." La Migra eran agentes del Departamento de Seguridad Nacional, Inmigración y Control de Aduanas o ICE de los Estados Unidos que allanaron fábricas en los años 70 y 80 y arrestaban a inmigrantes indocumentados. En ese entonces, los inmigrantes indocumentados se llamaban inmigrantes 'ilegales.' Todavía sucede hoy pero es triste porque destroza las familias. A menos que compartas nuestra experiencia, no podrás entenderlo. Tener la residencia significaba que mis padres podían trabajar legalmente en los Estados Unidos sin preocuparse por ser arrestados y separados de nosotros. Los migrantes como mis padres que vinieron a trabajar, contribuir a la economía y que nunca han tenido problemas legales también merecen la oportunidad de solicitar la residencia.

Vivir "legalmente" también significaba que podíamos viajar libremente. Nuestro primer viaje fue a las Cataratas del Niágara, Canadá. Y más tarde, mis padres trabajaron y ahorraron para que pudiéramos visitar otros lugares. Sus sueños se estaban haciendo realidad. Nos llevaron a Disney World. Mi papá encontró un recorrido en autobús que viajaba de Nueva York a Florida, haciendo paradas en Virginia. Nos reunimos con el primo de mi papá de Tampa durante ese viaje. Nos llegó a ver al hotel en Orlando y fuimos a cenar. Nos hospedamos en Days Inn en International Drive cerca de todo. El llegó con su esposa y su cuñada. Me llevaba bien con su muy simpática cuñada. Nos mantuvimos en contacto durante un tiempo después de regresar a Nueva York, pero finalmente perdimos el contacto.

A los quince años mi mamá y yo también viajamos a Guatemala. Durante este viaje, conocí a miembros de la familia del lado de mi mamá. Todo el mundo fue muy amable. Me la pasé de maravilla. A nuestro regreso, mi papá nos sorprendió con pasajes para un viaje a Puerto Rico y salimos al otro día. Nos hospedamos en Isla Verde en Carolina cerca del Viejo San Juan. Ese fue un viaje mágico. Debido a que nuestros amigos eran puertorriqueños, queríamos aprender sobre su cultura y sus orígenes. También queríamos comer algo autentico. Mi papá alquiló un carro en el aeropuerto para que pudiéramos ser libres de explorar la isla. Visitamos la selva tropical, El Yunque, las Cuevas de Camuy donde vimos muchos murciélagos, por supuesto, el Viejo San Juan.

En la década de los 80, las empresas de alquiler ponían los nombres de sus compañías en las etiquetas de licencia. Nos quedamos una semana. Mi hermano pidió visitar una ciudad en particular para visitar a un amigo, y mi papá dijo que sí. Me olvidé del nombre de la ciudad, pero sé que fue un viaje largo para llegar allí. Mi papá hizo una parada en un barrio aterrador en el camino. Estábamos perdidos.

Cuando se detuvo en un semáforo en rojo, un hombre se le acercó y le dijo: "Papi, no eres de aquí. ¿Te perdiste?"

Mi papá dijo que estaba tratando de seguir el mapa. En ese entonces, no había GPS para ayudar. El hombre le aconsejó que subiera las ventanas, diera la vuelta y condujera lo más rápido posible. Más tarde, descubrimos que estábamos perdidos en la "caseria" o proyectos. Según nuestros amigos, la caseria era muy peligrosa y si fueras extranjero, tendrías suerte de salir ileso. Condujimos de vuelta al hotel y disfrutamos el resto de nuestro tiempo allí.

Después de visitar Puerto Rico, le dije a mi papá que algún día me casaría con un hombre puertorriqueño. Y mucho más tarde, así fue.

Buscando Mi Tribu

Durante los siguientes años, asistí a dos escuelas católicas diferentes. Por mucho tiempo me había preguntado qué carrera quería seguir, y honestamente no podía decirte cómo imaginaba mi futuro. Sin embargo, sobresalía en la escuela privada. Además del plan de estudios regular, a los estudiantes nos enseñaron etiqueta. Esto se alineaba con mi vida familiar porque la etiqueta también era importante para mis padres. Lamentablemente, eso ya no se enseña en las escuelas hoy día.

Después de rogarles a mis padres que me inscribieran en la escuela pública, finalmente lo hicieron. La verdad es que no me gustaba estar en una escuela católica. Simplemente no me gustaba el uniforme. Me quedaba grande, y las faldas eran muy largas. Cada semana, lavaba y secaba mis faldas en alta temperatura para que se encogieran. A veces, funcionaba. A veces, no.

Mis padres nos inscribieron en una escuela secundaria cerca de nuestro apartamento. Los tres años de secundaria fueron fascinantes. Tuve muchas experiencias durante este tiempo, incluyendo conocer gente interesante, ser suspendida de la escuela, perder a mamá Marta, vivir un evento sobrenatural y tener mi primer novio. Durante este tiempo, también descubrí lo fuerte que soy emocionalmente.

B y yo asistimos a JHS 126 en Greenpoint, Brooklyn, grados siete a nueve. Estaba feliz porque podía usar la ropa que quisiera, y esto permitió descubrir mi estilo de moda. Me gustaba la moda rápida, pero el estilo clásico conservador lo aprendí de mi mamá. Ella me inspiraba. Era una verdadera fashionista. Mi papá era estricto con mi vestuario. Una vez me puse un pantalon amarillo bien pegado y una blusa blanca con árboles y plátanos y mi papá me regañó. Me tuve que cambiar y llegué tarde a la escuela. Pero dejamos los recuerdos de moda para más tarde, ya que se merecen su capítulo.

Tenía doce años en ese momento. Mi mamá me hizo asistir a aeróbicos en nuestro YMCA local porque quería mantenerme ocupada y saludable. Mi hermano me introdujo a el handball o balonmano, y me encantó. Tanto así que aprovechaba todas las oportunidades para jugar. Disfrutaba correr por la cancha y darle a las bolas altas. Me encantaba ser lo suficientemente bajita para darle a las bolas bajas. B ganó el campeonato estatal junior de handball. Quería jugar como él. Es bueno en todo. Nuestra escuela secundaria tenía una cancha de handball, y yo jugaba con nuestros amigos de la infancia los fines de semana. Pero después que una estudiante de la escuela muriera de cáncer, hicieron un mural en su memoria en esa cancha. Dejé de jugar allí.

Durante este tiempo, también descubrí que me encantaba conversar con mis compañeros y pasar el tiempo entre amigos. Me hacía feliz. Pero no todos en mi círculo eran verdaderos amigos. Durante un tiempo, salía con un grupo de chicas. Una, en particular, era mi mejor amiga. Su nombre era Lee.

Ella era una buena amiga porque era honesta y leal, y nunca me juzgaba. Nosotras éramos inseparables. Lee y yo nos sentamos juntas en todas las clases y todos los viernes por la tarde solíamos ir a su casa. No hacíamos nada malo. Ella no era traviesa. Pero nos metimos en un problema una sola vez.

Un viernes por la tarde, quería dar un paseo e ir a Cooper Houses. "Coopa" es como lo pronuncio con mi acento de Brooklyn. Cooper Houses es uno de los muchos desarrollos de viviendas manejados por la Autoridad de Vivienda de la Ciudad de Nueva York. Ahora se llaman desarrollos, formalmente conocidos como proyectos. A Lee le gustaba un chico que vivía en Cooper Houses. Ella conocía el edificio, pero no el número del apartamento. Así que entramos y caminamos hasta la azotea. Debe haber sido alrededor de las 3:45 o cerca de las 4 de la tarde. De repente, las puertas de la azotea se abren, ¿Y quién sale? Dos policías. Uno era latino y el otro era blanquito. Eran jóvenes, y el latino era guapo. Nos preguntaron qué estábamos haciendo en la azotea y no sabíamos que responder. Lee dijo que estábamos pasando el rato, a lo que el policía blanquito dijo que estábamos traspasando. No tenía ni idea de lo que significaba esa palabra. Nos explicó que estábamos allí sin permiso. Nos preguntaron nuestros nombres, así que, en respuesta, me inventé uno. Por supuesto, no iba a darle mi nombre real. Mi mamá me castigaría de por vida si se enterara. Nos dejaron ir con una advertencia, y nunca regresamos. En retrospectiva, esto era peligroso y no consideré las consecuencias. ¿Y si los hombres que salieron no fueran policías, sino pedófilos? ¿Y si los policías fueran malos? Podrían haber pasado muchas cosas en esa azotea. Pero gracias a Dios, Él nos protegió.

Durante el octavo grado, empezamos a pasar el tiempo con Michelle. Michelle era nueva en la escuela, pero había algo en ella en lo que mi espíritu no confiaba. La única otra vez que me sentí así fue con nuestra antigua niñera. Michelle era alta, delgada y bonita. Ella solo usaba pantalones de yoga. Nunca la vi con jeans o vestidos. Siempre combinaba su blusa y sus zapatos planos. También usaba lápiz labial rojo que le manchaba los dientes. Yo también quería usar lápiz labial rojo pero mi mamá lo prohibía. Ella dijo que mis labios se pondrían morados para siempre. Yo le creí. Michelle, a veces se quejaba de que su cabello no crecía y tenía que usar extensiones en trenza. Parecía muy insegura porque siempre se auto criticaba. A veces me daba pena y a veces me molestaba. Siempre he pensado genuinamente que cada mujer es hermosa a su manera y ella no era la excepción. Ella también tenía una belleza única. Pero desafortunadamente ella no lo veía.

Lee tenía un gran corazón y quería que todas fuéramos amigas y que nos lleváramos bien. Yo, por otro lado, no me impresionó fácilmente. Pero si Lee decía que era una linda persona, la aceptaría en nuestro círculo.

Poco después de aceptar su amistad, me puso a prueba. Era febrero de 1986, Lee y yo planeamos pasar el Día de San Valentín juntas. En ese entonces, celebramos "Galentine's" sin saberlo. Galentines is cuando mujeres se reúnen para celebrar el día del amistad. Planeamos almorzar en nuestra pizzería favorita y luego ir al cine. El Día de San Valentín cayó un viernes de ese año, pero Lee y yo lo celebraríamos el sábado. Estaba emocionada de pasar el sábado con mi mejor amiga. A principios de esa semana, Lee sugirió que invitáramos a Michelle. Al principio, me opuse a la idea porque no la quería allí. Lee insistió, y después de lo que se sintió como años de suplicas, dije, "Okay, esta bien."

Ese viernes por la noche, Lee me llamó y me preguntó cómo estaba. Ella sonaba nerviosa, y yo sabía que algo andaba mal. Empezó a tartamudear, y nunca lo había hecho antes. Le pedí que hablara. Luego dejó caer la bomba.

Lee dijo, "Jessy, quiero cancelar nuestro almuerzo."

Me sorprendió porque toda la semana habíamos hablado de nuestros planes. Le pregunté por qué. Al principio, no quería decirlo, pero finalmente, admitió que Michelle quería hacerme daño. La peor parte fue que le pidió a Lee que la ayudara con su plan.

Lee me dijo: "Michelle quiere que te golpeemos mañana. Ella me pidió que la ayudara, y le dije que no."

Me enfurecí. Lee compartió además el plan de Michelle. Oh, sí, la mente retorcida de Michelle lo tenía todo planeado. En la pizzería, ella sugería que "pasemos por su casa", y luego golpearme entre las dos. ¡No lo podía creer! Sabia que mi intuición no me engañaba. Esta fue mi primera lección sobre escuchar mi intuición. Por favor, escucha tu intuición. Lo tenemos por una razón.

Le pregunté a Lee por qué quería lastimarme, y me dijo que no lo sabía. En el fondo, yo sabía por qué. Yo, era joven, bonita, tenía el pelo largo y hermoso y un armario lleno de ropa. Era popular, tenía muchos amigos y tenía la atención de los chicos en la escuela. Yo tenía una gran relación con mi familia y un hermano que siempre estaba cerca para protegerme. Sobre todo y lo mas importante, era obvio que era feliz. Esto la volvía loca. Yo tenía todo lo que ella probablemente quería en su propia vida. Y la verdad, no era mi culpa que nuestras vidas fueran tan diferentes. Esa fue mi primera experiencia con la envidia de la gente.

¿Y sabes lo que le dije a Lee? "¡Que empiece la pelea! No cancelaremos. Vamos a actuar como si no lo supiera. Y cuando lleguemos a su cuadra, me enfrentaré a ella. Yo no le tengo miedo." Lee se puso más nerviosa, pero me aseguró que estaba conmigo. Yo confié en mi amiga.

Me desperté alrededor de las 9 de la mañana del sábado. Me bañé y me lavé el pelo. Luego me sequé el pelo y me puse una diadema roja. No me trencé el pelo en preparación para la pelea porque, se suponía que no debía saberlo y no quería delatar a Lee. En aquel entonces, los pantalones de chicle estaban de moda. Solo eran jeans elásticos. Me puse toda de negro con mi diadema roja y lápiz labial rojo para un toque de color. Mientras buscaba zapatos, me preguntaba si debería usar tenis porque sabía que pelearía con Michelle más tarde. Entonces decidí no hacerlo, optando por zapatos negros planos de charol. No me puse mis aretes favoritos, los "door knockers." Esos aretes eran populares en los años 80. Yo era una chica hip-hop. Elegí usar unos pequeños.

Entré en la cocina mientras mi mamá preparaba el desayuno. Todavía estaba demasiado molesta para comer, pero tuve que fingir que todo estaba bien. "Buenos días, Jetitos." Mi mamá me dijo con sus brazos extendidos. Me acerqué para abrazarla. Ella dijo: "Te ves linda." Y después me pidio que me quitara el pinta labios rojo.

Luego me preguntó si tenía hambre. Dije, "No, gracias."

Me pidió que bebiera al menos un poco de leche o jugo de manzana. No quería nada. Sentía que cualquier cosa que consumiera iba a saber a veneno. Estaba tan brava. Solo quería que esta pesadilla terminara.

Todas nos juntamos en la pizzería alrededor del mediodía. Pedí una pizza de queso y un refresco de fuente. No recuerdo lo que comieron ellas. Lo que recuerdo era sentirme ansiosa con cada bocado de mi pizza. Y con cada bocado, mi pizza se hacía cada vez más pequeña. Eso significaba que estaba más cerca de salir de la pizzería a esta pelea tonta. Antes de darme cuenta, era hora de irnos.

Michelle se voltió hacia Lee y le preguntó: "¿Qué vas a hacer después de esto?"

Lee respondió: "Tengo que ir a casa para ayudar a mi mamá con algo."

Michelle se voltió hacia mí y me preguntó lo mismo.

Sin parpadear, dije: "Nada en absoluto. ¿Quieres dar una vuelta?"

Ella dijo: "Vamos a dar una vuelta por mi casa."

Con miedo en su voz, Lee dijo: "No puedo."

Yo dije: "¡Vamos!" Y salimos juntas.

A pesar de que estábamos a solo diez minutos de su casa, se sentía como si hubiéramos caminado en cámara lenta. Lee nos acompañó pero no estaba contenta. Parecía asustada. Seguí pensando: "Espero que esta chica no arruine mi cara." En la escuela secundaria, a las chicas les gustaba pelear, ocultando una cuchilla de afeitar dentro de sus mejillas para cortar la cara de su oponente. Eso me asustaba. No quería tener puntos en la cara, pero más importante, no quería vivir con cicatrices. ¿Cómo reaccionaría mi mamá? ¿Me castigaría por no decirle de esta pelea? Confiaba en mi mamá, pero no le podia decirle nada hasta después de que terminara la pelea. Me imaginé volver a casa con ropa sucia de estar rodando por la acera, mi pelo un desastre y tal vez un rasguño o dos en mis mejillas. No me apliqué vaselina en la cara para protegerme. Cuando pisamos su cuadra, recé para que saliera ilesa. Pero hacerme para tras no era una opción.

De repente, Michelle dejó de caminar, mirando hacia adelante a un Cadillac negro frente a su edificio. Ella parecía sorprendida y asustada. Lee y yo seguimos caminando, y Michelle sugirió que nos fuéramos. Pregunté por qué, y antes de que ella pudiera responder, un hombre del interior del carro llamó a Michelle. Ella empezó a caminar y por las gestiones que llevaba, caminaba contra su voluntad. Quería ver quién era este hombre. ¿Quién tenía el poder de asustarla a ella? Supongo que no era tan fuerte después de todo, ¿eh? Ella nos llamó a Lee y a mí y nos presentó a su papá y a su tío. Su tío parecía tan viejo como su papá. Me preguntaba si eran gemelos porque se parecían mucho. Cuando me acerqué al lado del conductor con Lee, su papá me llamó más cerca. Me negué. Michelle dijo que a su papá le gustaba mi pelo y que le dejara tocarlo. Le dije, "¡Ah, no!" Agarré el brazo de Lee y nos alejamos, dejando a Michelle sola. Miré hacia atrás y vi a Michelle subirse al carro. Su rostro triste. Mi corazón se rompía por ella. Otra vez sentía como si todo estuviera sucediendo en cámara lenta, como una escena en una película.

Tenía emociones contradictorias. Unos momentos antes estaba lista para pelear con ella y ahora me sentía mal por ella. Me sentía culpable por abandonarla. ¿Por qué sentía una hermandad hacia ella a pesar de que quería hacerme daño? Tal vez porque tuve la suerte de crecer con gente que me cuidó, y sentía que tenía que hacer lo mismo por

Michelle. Tal vez fue porque sabía que ella iba a un lugar al que no quería ir con gente en la que no confiaba o que tal vez la lastimaban.

Cuando volvimos a la escuela el lunes, todas actuamos como si nada hubiera pasado. Nadie dijo ni una palabra, y a pesar de que quería confrontarla sobre su malvado complot, sabía que nunca lo admitiría. Lo dejé así, pero nunca volví a compartir mi tiempo con ella. Un día, dejó de asistir a la escuela. Lee y yo nunca volvimos a saber de ella. Mi corazón me decía que ella estaba sufriendo algún tipo de abuso. Algunas cosas no necesitan ser verbalizadas, pero sabes que existen. Y su lenguaje corporal lo decía todo.

Esa experiencia me enseñó la importancia de proteger a los niños. Solía enojarme con mi mamá porque era estricta. Mientras estaba en la escuela secundaria, a mi hermano se le permitía salir con sus amigos y asistir a fiestas. A mi no. Años después, le pregunté a mi mamá por qué era tan estricta. Dijo que su prioridad era mantenerme fuera de peligro y que no permitiría que nadie me hiciera daño o me obligara a hacer algo contra mi voluntad. En ese momento, la quería aún más. Doy gracias a Dios por su amor y protección. Tengo la increíble suerte de tenerla como mamá. Ojalá Michelle también tuviera eso.

Años más tarde, volvería a sentirme increíblemente agradecida por su protección. En la década de 2000, B dirigía el club más popular de la ciudad, LQ. Una noche, B y yo asistimos a una reunión de la escuela secundaria en una barra local en Williamsburg. B recibió una llamada pidiéndole que pasara por el club más tarde esa noche.

Me pidió que lo acompañara. Nunca había estado en un club antes y esa noche solo quería irme a casa. Él insistió, y finalmente me rendí. B y yo viajamos a la ciudad. Una larga fila de gente estaban esperando para entrar al club cuando llegamos nosotros. B fue recibido inmediatamente por los guardias de seguridad. Le mostraron respeto; después de todo, B era su jefe. Me los presentó y entramos inmediatamente. Me sentí como si fuera un VIP o algo así.

Tan pronto entramos, B me preguntó si quería tomar algo y le dije que tomaría agua en botella. Me dijo que bailara y que me lo pasara bien, diciendo que se encargaría de algo rápido y luego nos iríamos. También me dijo de qué clientes mantenerme alejada. Su descripción de estos clientes fue muy detallada y cuando los vi, mantuve mi distancia. Mientras él iba a la oficina, caminé por ahí, y en ese momento, me di cuenta de por qué mis padres y B eran estrictos conmigo. No estoy juzgando, pero las mujeres de ese club estaban medio desnudas, borrachas, y descuidadas. Me sentí fuera de lugar. Yo llevaba un vestido de cóctel negro, un suéter de cachemira bronceado sobre mis hombros y tacones negros. El vestido me quedaba por debajo de las rodillas. Ya sabes, súper conservadora. El DJ estaba tocando una bachata, y decidí bailar sola. De pronto, un joven se me acercó y me preguntó si podía bailar conmigo. Dije que sí, pero habían reglas. Le dije que no me tocara y que bailaríamos aparte. Dijo que estaba bien. Cuando terminó la canción, me invitó a acompañarlo al baño. ¡Me sorprendió! Pero hablaba en serio. Me di cuenta de que estaba borracho y tal vez incluso drogado con algo.

Dije: "¡Ah, no!" Y lo deje parado solo. Seguí caminando, pero no me gustó el ambiente, así que terminé buscando a mi hermano. Uno de sus empleados lo llamó por mí, y en cuestión de minutos, nos fuimos a casa. Algunas personas me llamaran niña fresa o aburrida, pero ¿sabes qué? Lo que presencié me asustó y nunca regresé. Entonces entendí de las cosas que mi mamá me quería proteger.

Volviendo a la escuela secundaria. Después de ese incidente con Michelle, muchas cosas cambiaron, incluyendo mi amistad con Lee. Cuanto más visitaba su casa los viernes por la tarde, menos quería estar allí. Sus padres eran lindos conmigo; eran acogedores y generosos. Se querían mucho. Eran inseparables. Me trataban como a una de sus hijas. Eran tan diferentes a mis padres en que eran muy liberales. Permitían que sus hijas fumaran libremente por la casa. Incluso comprarían paquetes de cigarrillos para ellas. Estaba bien con ellos si yo quería fumar. Me sentía libre cuando estaba en su casa. Antes de llegar a mi casa, yo masticaba un paquete entero de chicle de canela Big Red para disfrazar mi aliento de cigarrillo. Una vez mis padres me preguntaron por qué mi ropa olía a cigarrillos y les dije que era porque en la casa de Lee fumaban mucho. Curiosamente, nunca pidieron oler mis dedos. Eso me habría delatado de inmediato.

La hermana mayor de Lee ya estaba apunto de graduarse de la escuela secundaria y planeaba unirse a la Fuerza Aérea. Ella tenía el dormitorio más lindo. Era pequeño, pero era perfecto. Tenía una cama con dosel blanca con un colcha de ojales blanco y rosa. Sus paredes decoradas con carteles de sus ídolos adolescentes, Ralph Macchio, Matt Dillon, Rob Lowe y Emilio Estevez, y carteles de sus cantantes de banda de rock favoritas como Axel Rose de la banda Guns N' Roses. La hermana de Lee incluso tenía un teléfono en su habitación. Yo no conocía a nadie que tuviera un teléfono en su dormitorio. No era muy femenina y no usaba maquillaje, pero Lee me contaba que todos los chicos de la escuela querían salir con ella. Ella era amable en general, pero nunca tenía tiempo para nosotras. Según ella éramos demasiado jóvenes y no "cool."

Dejé de visitarla con tanta frecuencia, y un día, me enteré de que otra adolescente se había mudado con la familia de Lee. No estoy segura cómo se conocieron. Ella era una niña de un hogar con muchos problemas y no quería vivir con su mamá. Así que se escapó y encontró un lugar con la familia de Lee. Aunque ella nunca me hizo nada a mi, no me caía bien. Sentí que se interponía entre Lee y yo. No era divertida como todos las demás amigas, y no soportaba cuando llamaba a la mamá de Lee 'Ma'. Supongo que estaba un poco celosa. La última vez que la visité, esta chica estaba acostada en la cama de Lee, fumando y cantando salsa. Todavía recuerdo que estaba cantando una canción de Lalo Rodríguez. Ella sabía cada palabra de la canción. En este punto, le dije a Lee que no quería estar allí.

Sintiendo la tensión, Lee me invitó a conocer a sus inquilinos del apartamento en el ático, cualquier cosa para escapar de esta situación. Fuimos al apartamento y conocí a la pareja. Rápidamente me arrepentí. Estaban fumando y bebiendo cerveza en su sala.

Había poca luz. El apartamento olía a muebles viejos y a nicotina. La alfombra tenía muchas manchas y parecía que no se había limpiado en mucho tiempo. El apartamento era oscuro y sucio. Nos ofrecieron a Lee y a mí cigarrillos y una cerveza. Lee tomó una cerveza y me pasó otra lata. No lo acepté. No quería fumar, beber o socializar con esta gente. No los conocía y solo quería salir de allí. Así que me levanté y le dije a Lee que me iba. Ella me preguntó si estaba bien, y le dije: "¡Sí, estoy bien!" Ella me acompañó a la puerta. Estaba desesperada por estar en mi casa. Mientras caminaba a casa, pensé en mi mamá. ¿Qué diría ella sobre la gente de la casa de Lee y ¿Sus inquilinos? ¿Se enojaría con ellos por ofrecerme una cerveza? ¿Estaría orgullosa de mí por no beber? ¿Le decepcionaría que me pusiera en peligro? Bueno, no iba a decírselo.

Finalmente, conocí a otros estudiantes en la escuela. Empecé a cortar clase. Tuve mi primer novio, Evan. Evan era guapo y extrovertido. Era muy popular y parecía perfecto. Había estado enamorada de él por un tiempo. Era amigo de un chico con el que crecí. El día que conocí a Evan, estaba caminando por mi vecindario con sus amigos, llevando una caja de sonido y cantando la canción Easy Lover de Phil Collins. Todavía me recuerdo de él cuando escucho esa canción. Asistía a la misma escuela que yo y también era amigo de mi hermano. Un día, nos salimos de la escuela y nos dirigimos al parque Flushing Meadows. Mientras estábamos en el parque, Evan y yo nos hicimos novios. Me preguntó si quería ser su novia, y le dije que sí. No podía creer que manifestaría una relación con mi enamorado.

Sin embargo, no duró mucho; su mamá llamó a mi casa días después de que empezáramos a salir y habló con mi papá. Ella me culpó por los problemas de Evan en la escuela, diciendo que él empezó a faltar a la escuela por mi culpa. Ella dijo que yo era mala influencia para su hijo. Mi papá ni siquiera sabía que tenía novio, y me exigió que lo llevara a casa. Estaba absolutamente en contra, pero mi papá insistió en hablar con él. Gracias a Dios, esa charla nunca sucedió porque unas semanas más tarde, Evan me engañó con su ex novia. Lo deje de inmediato y nunca miré hacia atrás. Pensé que me dolería, pero no sentí nada. Me dio asco saber que había besado a la otra chica mientras salía conmigo. A pesar de que me rogó que volviera con él varias veces, me mantuve firme. Incluso me ofreció un anillo de "pre-compromiso." Nunca había escuchado ese término. Dijo que me lo compró porque me amaba. Ese anillo estaba empañado y sucio. Estaba doblado como si alguien lo hubiera pisado. Inmediatamente pensé que tal vez era el anillo de su mamá. Le dije que era un mentiroso, un ridículo y que no quería volver a verlo. Volvió con su ex novia. Pronto, también dejaría de asistir a la escuela. Lo vi como 20 años después en un centro comercial y nos dimos un "hola" rápido porque el estaba allí con su esposa. Se miraba mas maduro y gordo.

Al mismo tiempo, mi asistencia estaba sufriendo, y la administración de la escuela me inscribió en un programa para estudiantes en riesgo llamado AIDP (no recuerdo lo que significa el acrónimo). Ese programa fue diseñado para que los estudiantes tuvieran educación individual y que pudieran graduarse a tiempo. Mi papá comparaba mi libreta de calificaciones con la de B. Mi hermano siempre ha sido inteligente. Era un estudiante excelente. Yo también me considero inteligente pero siempre traía a casa una libreta de calificaciones con quejas sobre lo mucho que hablaba y que pasaba notas en clase. Mi vida social era más importante que la materia de las clases. Un día, le mostré a mi papá mi libreta de calificaciones, que tenía una "F" grande escrita con marcador rojo, a la par de la clase de historia. Mi papá me preguntó por qué me fue tan mal en esta clase. Actué sorprendida por la pregunta, "¿De qué hablas?" Tomé la libreta de calificaciones y le dije que la "F" significaba "Fantástico" y que estaba resaltada en rojo para mostrar lo buena que era la calificación. Mi papá me miró y me dijo que sabía que "F" significaba que reprobé la clase. Como si nada, le pedí que firmara el informe de calificaciones. Me dijo que hiciera mejor y que dejara de hablar tanto. ¿Porque? Necesitaba socializar.

Otra vez me acuerdo que habia reprobado la clase de arte. B y yo estábamos en la misma clase con la misma maestra. La maestra era mayor y un poco excéntrica. Ella siempre me gritaba porque yo hablaba mucho con mis amigas. Decía que yo distraía a los demás. Una noche mi mamá fue a la reunión de padres y maestros. Se presentó como la mamá de B. La maestra le dijo que B era un genio y que era su alumno favorito. Dijo que B era muy talentoso y que cualquier cosa que necesitara ella lo apoyaría. También hablo de todas las pinturas que había hecho B. Ella quería exhibirlas en una galería. Mi mamá le dio las gracias por tanto elogios.

Mi mamá se quedo parada esperando que le platicara sobre mí. La maestra le pregunto si necesitaba algo más. Aparentemente, la genia de mi maestra no había conectado que B y yo éramos hermanos. Hello...teníamos el mismo apellido. De todos modos, mi mamá le dijo que yo también era su hija y que le platicara sobre mis calificaciones. La maestra casi se desmaya. No podía creer que B era mi hermano. Ella comenzó a quejarse de mí, que hablaba mucho y que no quería hacer los trabajos, etc. Hablo horrores de mí. Mi mamá dejo que terminara y le dijo que yo hablaba porque tenía mucho que decir. También le pregunto que hacía ella para que yo puderia retener interes en la clase. No me acuerdo que le contesto la maestra pero ella estaba exagerando. Mi mamá me defendió y no dejo que me sintiera mal. Pero sabía que cuando saliéramos de la escuela o llegáramos a la casa, me iba regañar. Pero la verdad es que mis padres siempre recibieron quejas que yo hablaba mucho en clase desde mi tiempo con las monjas. Creo que hasta estaban acostumbrados de oír lo mismo.

También me metía en problemas por cortar clases y a menudo me citaban a la oficina del decano. Pero un día me suspendieron por algo que no tenía que ver conmigo. ¿Recuerdas al hijo adoptivo de la niñera que casi me agredió en el pasillo? Dije que buscaría venganza por sentirse rechazado más tarde. Bueno, un día tuve una pelea y recibí la suspensión suprema, por culpa de él. Eso significaba que debía quedarme dentro de la oficina del principal todo el día y hacer el trabajo de clase durante una semana. Déjame contarte sobre el día de esta pelea sin sentido.

Era una mañana de primavera, estaba en el pasillo de la escuela, tratando de llegar a mi próxima clase. Se me acercó una chica que le llamaban Ojos Verdes. Ella estaba saliendo con un chico con el que crecí, el mismo que me defendió de su hermano adoptivo en el pasillo. Admito que el chico me besó una o dos veces. No era nada especial. Pero cuando me besó el chico, ellos no estaban juntos. Ni siquiera se conocían. Creo que sentí gratitud por haberme salvado cuando éramos más jóvenes. Después que su mamá nos dejo de cuidar, seguimos siendo buenos amigos pero nada más.

De todos modos, Ojos Verdes me dijo que quería hablar conmigo después de la escuela. 'Hablar después de la escuela' es el código de 'Vamos a pelear a las tres de la tarde', le dije que me dijera lo que necesitaba en ese momento. Ella dijo que no, diciendo que prefería hablar conmigo después de clases. De alguna manera, todos los compañeros de la escuela se enteraron de esta 'charla después de la escuela'. Todos mis amigos me prepararon para la pelea. Mis amigas me trenzaron el pelo y me pusieron vaselina en la cara; me guardaron los aretes y me hicieron usar sus voluminosos anillos en los dedos. Tenía como diez anillos puestos mirándome ridícula como Mr. T del show de televisión The A Team. Me daban consejos como defenderme en la pelea. Me dijeron que estarían allí para asegurarse de que fuera una pelea limpia. Me reí porque lo último que planeaba hacer era pelear. Después de todo, llevaba jeans y mi camiseta favorita, color rosa. No quería ensuciarla. Además, no crecí en un ambiente abusivo y mis padres me enseñaron a defenderme con palabras, muy educadamente por supuesto. Mis padres nunca dejaron que dijéramos malas palabras o alzar la voz.

Cuando terminó el día escolar, mis amigos se reunieron junto a la puerta de mi clase. Habían chicas que ni siquiera conocía allí para apoyarme. Todos salimos juntos. B también estaba allí, siempre a mi lado. Salí del edificio de la escuela con unos 50 compañeros de clase, mientras que Ojos Verdes tenía a tres personas con ella. Me sorprendió. Pensé que conocía a más gente. Cuando se me acercó, los guardias de seguridad de la escuela nos dijeron que nos fuéramos a casa. Ojos Verdes les dijo que necesitaba hablar conmigo. Luego, el guardia nos dijo que cruzáramos la calle al parque. Así que cruzamos la calle y las tensiones aumentaron.

De repente, alguien gritó: "¡Ojos Verdes, ella te llamó perra!" Eso no era verdad.

Ojos Verdes luego se dio la vuelta para darme un puñetazo, pero B me quito del medio justo a tiempo. Su prima luego lo rascó con su anillo. ¡Que, oh no! Agarré a Ojos Verdes por su pelo y empecé a arrastrarla. Estaba furiosa porque a mi hermano lo lastimaron por culpa de ella. Ni siquiera sabía por qué estábamos peleando. Mientras rodábamos por el parque, mis amigas empezaron a patear a Ojos Verdes y a jalarle el pelo también. Solo esperaba que mi cara no se viera tan mal, y que no tuviera rasguños. Entonces, los mismos guardias que nos dijeron que fuéramos al parque, nos fueron a sacar. Nos llevaron de vuelta a la escuela y nos acompañaron a la oficina del decano. Todos estábamos suspendidos, incluso B, que solo estaba allí para protegerme. No tenía nada que ver con estos niños. Más tarde ese día, me enteré de que el mismo hijo adoptivo inventó el chisme que me estaba besando con el novio de Ojos Verdes, mi amigo de la infancia. Todo era mentira. No me gustaba y él no tenía interés en mí. Pero ella lo creyó. Por eso estaba enojada conmigo y quería pelear. Eso me enfureció más. Causó el caos, y esa fue su venganza. Por suerte para mí, esto sucedió mientras mi papá estaba en Guatemala. No sé cómo él hubiera manejado la suspensión.

Los funcionarios de la escuela llamaron a la casa y hablaron con mi mamá al respecto. Luego fue a la escuela y habló con los decanos. Le dijeron que nos habían suspendido por pelear. Por supuesto, ella ya lo sabía porque se lo dijimos cuando llegamos a casa después de la pelea. Esa noche, nos dijo que nos mantuéramos fuera de problemas y lejos de esos niños. Yo estaba enojada que me suspendieran porque no podía ver a mis amigas hasta después de la escuela. Pero estaba más enojada de que B fuera víctima a este lío que no tenía nada que ver con él.

Dios puso a personas críticas en mi vida para apoyarme y guiarme, y ni siquiera lo sabía en ese entonces. Durante una de las muchas visitas a la oficina del decano, el Sr. Seigel, se me acercó y me preguntó por qué siempre estaba allí. Respondí que los profesores se quejaban de mi. Luego me preguntó si quería ayudarlo en su oficina. Se ofreció a sacarme de uno de los cursos y, a la vez, yo le ayudaría con sus tareas administrativas, es decir, archivar documentos, contestar su teléfono, etc. Estuve de acuerdo y le dije que renunciaría a la clase de botánica porque no tenía interés en el estudio de plantas. Pronto, comencé a ayudarlo en su oficina, y teníamos conversaciones bastante interesantes mientras trabajaba con él. A veces me hacía preguntas sobre mis aspiraciones y sueños. En ese momento, todavía no tenía ni idea. Me gustaba trabajar con él porque era muy amable y respetuoso.

Al comienzo de mi último año, me uní al comité del baile de San Valentin. Convencí a mis amigas que participaran así poder ir a la fiesta. La fiesta de San Valentin estaba programado para el segundo viernes de febrero de las siete a las nueve de la noche. Me acuerdo que tenía un enamorado polaco que se llamaba Kevin. Era super guapo, rubio con ojos celestes como el cielo. Él estaba allí. Y yo bien coqueta le iba hablar un poco y después a bailar con mis amigas. Esta fue la única fiesta que me dejaron ir. Me divertí mucho y bailé un montón. En esos momentos sociales yo brillaba. Me encantaba estar con mis amigas y gozar. Nuestra fiesta fue todo un éxito. Incluso aparecí en el periódico escolar ese año como la líder del comité.

Pero también tuve problemas. Mi hermano se había graduado antes que yo y estaba asistiendo la 'escuela de la fama'. Me quedé sintiéndome vulnerable. Sin embargo, tuve que aprender a ser independiente y no depender de la protección de mi hermano. Pero no fue fácil. Caminé a la escuela todos los días con nuestros buenos amigos Henry y Manolo. Eran super. Ellos no eran de problemas y me protegían. Mis padres trabajaban todo el día. B y yo teníamos llaves del apartamento para entonces, y los chicos me acompañaban a casa después de la escuela y se aseguraban de que entrara y cerrara la puerta con llave. También me recogían por la mañana para que no tuviera que caminar sola a la escuela.

Una mañana, estaba tarde. Les dije a los chicos que se adelantaran y caminaría sola. Estaba a una cuadra de la escuela cuando un tipo espeluznante salió de una camioneta y empezó a silbarme. Me pidió que me acercara y le dije: "¡NO!" Y empece a correr. Nunca había corrido tan rápido en mi vida. Parecía que ese hombre tenía problemas de salud mental. Esa fue la única experiencia aterradora que tuve. Después de eso, me aseguré de no volver a llegar tarde para no tener que caminar sola.

De vuelta a la escuela, el Sr. Seigel me preguntó si había elegido una escuela secundaria porque mi graduación estaba cerca. Le conté que había presentado una solicitud en varias escuelas, pero que todas me habían rechazado. No quería asistir a la escuela de mi distrito porque tenía mala reputación. Sabía que mis calificaciones no me llevarían a una buena escuela. Así que probé para la misma escuela de B, La Guardia HS de Música y Arte y Artes Escénicas o como lo llamamos, la "escuela de la fama." Lo llamamos así después del programa popular "Fame" sobre estudiantes de secundaria que intentan ser descubiertos a través de su programa de baile. Fue uno de mis programas favoritos porque me encantaba bailar. Podría sentarme frente a la televisión y ver ese programa durante horas, incluso repeticiones. Adicioné para su programa de música cantando "All At Once" de Whitney Houston. ¿En qué estaba pensando? ¿Whitney Houston? Por supuesto, de inmediato, los jueces gritaron: "¡NEEEXT!" Ahora puedo reírme de ello, pero en ese entonces, pensé que los jueces estaban locos por no pasarme. Sin embargo, solo sirve para mostrarte mi nivel de confianza.

Estaba segura de mi misma o delirante, pero me gusta pensar que era segura de mi misma. También hice una audición para el programa de teatro, lo que significaba que tenía que aprender un guión en cinco minutos. Tuve que memorizar el guión. Cuando vi el guión, pensé, ¡ay ayyai! ni siquiera me gustaba leer. Pero lo intenté, y cuando me llamaron para actuar con otro estudiante, seguí mirando el guión, y de nuevo escuché esa terrible palabra, "¡NEEEXT!" Me quedé consternizada. Después de todo, una cara como la mía tiene que estar en Hollywood. La gente siempre decía que era dramatica. ¿Por qué estos jueces no pudieron verlo? Se lo pierden, pensé.

Le dije al Sr. Seigel lo que había ocurrido, y él sabía que estaba decepcionada. Me aconsejó que me aplicara y pasara mis clases, y me ayudaría a entrar en Grover Cleveland HS. Así que lo hice bien en mi último año, y él cumplió su promesa. Asistí a "Cleveland"; así es como lo llamamos. Inmediatamente me aclimaté a Cleveland, pronto conocí a algunas chicas que se convertirían en mis nuevas amigas. Luego conocí a un chico que también se convertiría en una persona importante en mi vida, del que tengo buenos recuerdos hasta el día de hoy.

Ese mismo año, cumplí 16 años, y mis padres planearon hacerme una fiesta de Sweet 16. En Guatemala se celebra los 15 pero aqui son los 16. Mi mamá había planeado mis 16 durante tres años. Ella pensó en todo. Queriendo que fuera parte del proceso de planificación, me llevó a todas partes. Visitamos la tienda de novias local para ver las invitaciones, las capias, los ramos de flores y la peluquería. Ella decidió que iríamos a Guatemala para comprar el vestido perfecto. Ella eligió el vestido, y en retrospectiva, yo habría elegido un estilo diferente. Ella había ido a un Sweet 16 el año anterior, y la muchacha llevaba un vestido blanco y esponjoso con una banda de seda roja alrededor de la cintura y un gran lazo en la parte posterior de su cintura. En los años ochenta, las chicas jóvenes querían los vestidos grandes y esponjosos. No le presté atención al vestido. ¡Traer ese vestido de vuelta a Nueva York fue un dolor de cabeza! Estaba empacado en una caja enorme y tuvimos que cargarlo en el aeropuerto. Al llegar a la aduana de Nueva York, los funcionarios abrieron la caja para inspeccionarla. Me pregunto por qué no compramos el vestido en Nueva York. No me malinterpretes, me divertí en Guatemala ese verano. Comí mi comida favorita y ver a mi abuelo materno y a mi bisabuela materna fue lo máximo. Pero traer esa caja enorme en el avión fue muy inconveniente.

Durante las sesiones de planificación, dije que quería que todos mis amigos de la escuela asistieran a mi fiesta. Mi mamá dijo que podía invitar a diez amigos, la mayoría de los cuales eran mis damas y caballeros. Damas y caballeros son los que acompañan a la cumpleañera. Estaba feliz de que mis amigos de la infancia fueran parte de mi celebración, pero quería invitar a mis compañeros de clase, pero ella dijo que no. Ella razonó que había reservado la sala en el Palacio Polaco de Greenpoint y quería que mi evento fuera elegante y con clase. Al principio, estaba molesta. Después de todo, era mi fiesta. Pero cuando recibí los regalos, entendí por qué dijo que no a los adolescentes. Los adultos me dieron mucho dinero.

Recuerdo haber recibido alrededor de trece mil dólares en efectivo. Le di a mi mamá la mitad para cubrir parte del costo. Nunca antes había disfrutado de una fiesta como esta. Bailé toda la noche y, por supuesto, fui el centro de atención. Todo el mundo quería una foto y bailar conmigo. Me sentí como la reina que soy. Y al final pude invitar a unas amigas extra que fueron y nos divertimos. Pero no puedo mentir, eché de menos a algunos de mi familia que no fueron, especialmente a mis primos.

En mi tercer año, conocí a mi novio de la escuela secundaria. Era popular y guapo. Todo el mundo lo conocía. Estábamos en la misma clase de matemáticas, y no tenía ni idea de que le gustaba. Lo interesante es que nos gustábamos al mismo tiempo. Una mañana, se me acercó y me preguntó si podía acompañarme a mi próxima clase. Dije que sí. Mientras caminábamos a mi siguiente clase, dijo que le gustaba mi cabello y que tenía unos ojos hermosos. Luego me preguntó dónde vivía. Después de ese primer paseo, éramos inseparables. Esa misma semana, les dijo a todos que yo era su novia. Me encantaba toda la atención que me daba. Me sorprendió que fuera diferente. Me respetó y no me presionó para que hiciera nada. Nos divertimos mucho juntos, y realmente disfruté compartir tiempo con él. Nuestro tiempo juntos había terminado para el verano antes de la graduación. Nos separamos, y yo estaba de acuerdo con eso. Pero siempre lo tendré en alta estima porque era un verdadero caballero. Especialmente durante la escuela secundaria, donde las hormonas de todos los niños son desenfrenadas. Tenía autocontrol. Respeto eso. Lo he visto una o dos veces recientemente, ya que no vive lejos de mí. Pero me alegra saber que está felizmente casado y con hijos.

Mis malos hábitos resurgieron en la escuela secundaria. Ese año, también empecé a salirme de la clase y a jugar hooky. Asistiría a fiestas de hooky todos los viernes. Aprovechaba mi tiempo con amigos porque era la única vez que podía verlos. Mis padres todavía eran tan estrictos que no podía salir ni asistir a fiestas. Sabía que me alcanzaría y que me metería en problemas, lo que sucedió a finales de ese año.

Una tarde, la subdirectora de la escuela llamó a mi casa y habló con mi papá. Ella le dijo que necesitaba hablar con él y con mi mamá en su oficina sobre mi exceso de ausentismo. Al día siguiente, mi papá visitó la escuela. Mi mamá estaba trabajando. Me llamaron a la oficina del director cuando llegó mi papá.

La conversación que siguió fue más difícil de lo que había imaginado. La directora recomendó que me inscribiera en el programa nocturno de GED, ya que no asistía a clase durante el día. Mi papá dejo que terminara de hablar, y luego me miró. Por supuesto, temía que me avergonzara allí y en esa oficina. Pero no lo hizo. Miró al la directora y dijo: "No." Continuó diciéndole que había nacido en Guatemala y que, como creció extremadamente pobre, no tuvo la oportunidad de ir a la escuela. Se vio obligado a trabajar a una edad muy temprana para ayudar a poner comida en la mesa para su familia. Era el mayor de seis hermanos, y la responsabilidad recaía en él. Siguió contando que caminó al trabajo con agujeros en los zapatos porque su mamá no podía comprarle un par nuevo. Mientras hablaba, me sentí como el ser humano más pequeño del mundo. Se formó un nudo en mi garganta mientras contenía las lágrimas. Le dijo a la directora que no iba dar consentimiento para que yo adquiriera un GED, y le aseguro que asistiría mis clases y obtendría un diploma de escuela secundaria a tiempo.

Cuando volví a mi clase, lo único que pude pensar fue en todo que contaba sobre la pobreza que sufría cuando era niño. A partir de ese momento, vi a mi papá de manera diferente. Aunque sé que no es la única persona que había sufrido pobreza en este mundo, no podía soportar escuchar lo mucho que sufrió cuando era niño. Me sentí culpable por decepcionarlo. Me sentí muy mal que tuviera que escuchar lo mal que me portaba en la escuela. Fue su decepción lo que me dolió más que cualquier otra cosa. No sabía cómo disculparme o pedir perdón. Tuve que hacer todo posible para cumplir con su compromiso con la subdirectora de que me graduaría a tiempo. Ella dijo que me colocaría en la 'miniescuela' para estudiantes necesitados de atención individual.

Miniescuela era un programa diseñado para apoyar a los estudiantes 'en riesgo' de no graduarse a tiempo. ¡Otra vez! Otro programa. Solo yo tenía la culpa. Pero no fue del todo malo. Es donde conocí a uno de mis mejores amigos, Jay. Él es muy especial para mí. Hablaremos de él más adelante en el libro.

También conocí a la profesora de la clase de escritura que plantó la semilla que fuera autora en mí. No recuerdo su nombre, pero era pequeña como yo. Se vestía de forma muy conservadora y siempre llevaba un cinturón sobre su blusa, su suéter o una chaqueta. Su cabello era de permanente corto, semirizado y ondulado. Tenía mucha energía y siempre estaba de buen humor. Disfruté mucho su clase porque concentró su plan de estudios en la escritura. También admiraba lo positiva que era. No importaba cuánto luchara un estudiante con la escritura, siempre se aseguraba de que el estudiante fuera escuchado y validado. Ella creó un espacio seguro y sin prejuicios para todos nosotros.

De lunes a jueves, nos enseñaba los principios de la escritura, la gramática, la puntuación y el vocabulario, y los viernes, nos daba tiempo para escribir libremente. También nos enseñó sobre poesía. No me gustaba la poesía, pero a Jay le encantaba porque era igual que rimar. También le gustaba el hip-hop y sobresalía en él. Sin embargo, yo sobresalí en la escritura de cuentos cortos. Mis historias tenían unos 4-5 párrafos de largo. La profesora a menudo nos pedía que compartiéramos nuestro trabajo con nuestros compañeros de clase. Siempre me ofrecía para leer mi trabajo, lo que molestaba a algunos compañeros de clase. Me llamaban mascota del profesor, pero no me importaba. Solo estaban celosos porque mi trabajo era genial. Un día, me vio en el pasillo y me llamó. Ella elogió mi trabajo y me sugirió que escribiera profesionalmente. Estaba confundida, pero luego ella aclaró que debería considerar convertirme en autora. No pensé que fuera en serio. Después de todo, era muy joven. Pensé que los autores eran adultos de más de 50 años.

Pero aún así, en ese momento, ella plantó la semilla.

No solo doblé cursos como educación física para graduarme a tiempo, sino que también sobresalí en ellos. Entonces descubrí que prospero bajo presión. Tuve que demostrarme a mí y a mi papá que podía lograrlo. Ignoré las distracciones y me concentré en mi objetivo. Debido a que decidí hacer lo correcto tan tarde en la escuela secundaria, no estaba segura de si podría asistir a la graduación. Por lo tanto, no pagué por el anillo graduación, no asistí al viaje de último año. Tampoco compré ropa para asistir a la graduación.

En lugar de la mía, asistí la graduación de mi mejor amiga. El día de su graduación, me estaba preparando y sonó mi teléfono. Era Jay. Me preguntó si iba a asistir a la graduación y, si era así, se reuniría conmigo allí. Le dije que no estaba segura de si me graduaría con el resto de la clase, a lo que dijo que estaba en la oficina del decano y que había visto mi nombre en la lista. Le expliqué que iba de camino a la graduación de mi amiga. Hice precisamente eso. Celebrar a mi amiga era importante, y la pasamos muy bien. En retrospectiva, me arrepiento de no haber asistido a mi graduación y celebrar con mi buen amigo Jay. Como estaba en la miniescuela conmigo, compartimos la lucha de completar todos nuestros cursos para graduarnos a tiempo. Nos apoyamos mucho a lo largo de esta historia y éramos muy cercanos durante nuestro último año escolar. Todo el trabajo valió la pena. Me gradué a tiempo y obtuve un diploma de escuela secundaria. Esta experiencia me enseñó que puedo lograr cualquier cosa si me concentro en mi objetivo.

Si Lo Quieres, No Dejes de Trabajar

Con todos los dolores de cabeza que sufrí en la escuela secundaria, quería evitar la universidad después de graduarme. Sin embargo, el plan que mis padres tenían para mí era muy diferente. Después de la graduación, les dije que no asistiría a la universidad. Los senté a ambos, les recordé lo mucho que sufrí en la escuela y que no era para mi. Mis padres me escucharon y me miraron como si fuera un extraterrestre o algo así. Mi papá me preguntó cuáles eran mis planes. Para ser honesta, no tenía un plan sólido. Les dije que trabajaría y ganaría dinero, pero no sabía en qué quería trabajar o incluso qué haría con el dinero que ganaría.

Mis padres me dejaron tomar un semestre libre y trabajar para 'sacarlo de mi sistema'. Durante ese tiempo libre, dormí, vi la televisión, llamé a mis amigos, limpié la casa e hice la cena. No hice nada productivo. Mi mamá me preguntó si había algo que me apasionara o que me interesara. Dije: "En realidad no." Así que me inscribió en la escuela de uñas en Jackson Heights en el condado de Queens . Asistí a la escuela de uñas durante unas dos semanas, lo cual fue una experiencia terrible. Ella pagó mucho para que me enseñaran el arte del diseño de uñas y todo tipo de manicuras. Desafortunadamente, la mujer que manejaba la escuela era racista y solo enseñaba a otras estudiantes que compartían su cultura. Ella me ignoraba la mayor parte del tiempo y nunca me daba su opinión sobre las técnicas básicas de manicura que yo utilizaba. Le pedí que me enseñara más, y me dijo que no estaba lista. ¡Ella me exigía que practicara más! Este era un curso de seis semanas, y creo que ella no tenía la intención de enseñarme más que cortar cutículas. Lo único que disfrutaba en ese periodo era almorzar en la avenida Roosevelt. Me encantaba comer tacos mexicanos que costaban un dolar en ese entonces. Me quejé con mi mamá, que me sacó y le pidió que le devolviera el dinero. No estoy segura de si le reembolsaron, pero supongo que probablemente no.

Como la escuela de uñas no funcionó para mí, mi mamá le preguntó a una vecina si la fábrica donde trabajaba estaba contratando. La vecina le dijo que preguntaría. Más tarde esa semana, dijo que su empleador estaba contratando. Mi mamá me envió a trabajar a una fábrica en Maspeth,

Queens, y le pidió a la vecina que me llevara con ella a la mañana siguiente. Me dio cambio para el autobús y dinero en efectivo para el almuerzo. Así que me levanté temprano al día siguiente y viajé con la vecina a la fábrica. Fue un viaje largo para llegar allí. Cuando nos bajamos del autobus ella señaló un edificio a la derecha diciéndome que ahí es donde debería reportarme. Luego corrió a otro edificio a la izquierda y me dejo allí parada. Me encontré en medio de un espacio industrial con nada más que fábricas y conductores de camiones en muelles de carga. Me alejé rápidamente y me fui directo a la parada de autobús. Cuando llegué a casa, llamé a mi mamá y le dije que trabajar en una fábrica no era para mí. Mi mamá estaba más molesta porque la vecina me dejó sola. Más tarde esa noche, llamó a la vecina para preguntarle por qué me había dejado sola afuera de la fábrica. Ella le recordó que le había confiado a su hija y que algo podría haberme pasado. La vecina le dijo que todos los empleados eran amables, y que nadie me haría daño. Creo que ambas estaban exagerando un poco.

Mi mamá debe haberle contado a su jefa sobre la fábrica porque le preguntó cómo me había ido. Le explicó que no me quedé y volví a casa, su jefa le dijo inmediatamente a mi mamá: "Está bien, si no quiere estudiar o trabajar, puede ser ama de casa y que su esposo la mantenga." Cuando me enteré lo qué dijo su jefa, me sentí como una perdedora. Pero ese comentario cambió mi vida. Me ofendió tanto como si las latinas nacimos solo para ser amas de casa. No estaba enojada con ella. Solo tenía que culparme a mí misma. Y hasta ese momento, les había demostrado a todos que era perezosa y que no tenía ambición. Me estaba comportando como una niña mimada.

No tenía ni idea de lo que quería para mi vida. No tenía dirección. Mi papá me sentó una noche y me dijo que como estaba confundida, tenía que inscribirme en la universidad. Me propuso que me inscribiera en la universidad y me compraría un carro. Le creí y me registré en el Borough of Manhattan Community College (BMCC). Pero la verdad, no podía seguir así desperdiciando mi tiempo. No sabía que esperar de la universidad pero necesitaba un cambio en mi vida.

El día de la orientación, un profesor cuyo nombre no recuerdo dijo algo que resonó en mí: "Si lo quieres, no dejes de trabajar." Dijo que éramos adultos, y que nadie nos tomaría de las manos como en la secundaria. Sentí que me estaba hablando directamente a mí. Nos aseguró que éramos responsables de fracasar o tener éxito en la universidad, que la facultad de la universidad no llamaría a nuestros padres para nada porque ya no éramos niños. Me sentí como una adulta. Sentí que estaba en control de algo en mi vida por primera vez. Elegí mis cursos y los programas que quería y la escuela no se opuso. Si quería asistir clases en la mañana o en la tarde, dependía de mí. Tener la libertad de elegir mi horario me hacía sentir como una adulta. Me destacé en mis cursos e incluso logre estar en la lista de honor varias veces en BMCC. Tener control de mi vida y mis estudios me hacía feliz. Me alegré de que mis intentos anteriores de trabajar fracasaran. Si hubieran tenido éxito, probablemente nunca hubiera seguido los estudios, un requisito para el éxito.

Durante mi primer año en BMCC, muchas cosas cambiaron. Asistí a la escuela de tiempo completo y pasé tiempo con un grupo de la iglesia llamado La Jornada. La Jornada era un grupo de adolescentes cuya misión era evangelizar a otros adolescentes en la vecindario. Nos llamábamos Jornadistas. También llevamos a cabo actividades de misión llamadas apostolados. La misión era compartir las buenas noticias y los actos de bondad. Dábamos de comer a las personas sin hogar, visitábamos a los bebés abandonados y a los enfermos en los hospitales, rezábamos rosarios en las casas de los jornadistas, servíamos como ujieres durante la misa del domingo y recaudábamos fondos con ventas de pasteles o bizcochos. Solíamos encontrarnos los viernes en la Iglesia Católica Santa María. La misma escuela católica a la que mi hermano y yo asistíamos hace años. Donde las monjas y sarcedotes eran nuestros maestros.

Al final de cada reunión, todos los jornadistas nos tomábamos de la mano y rezábamos en voz alta. Una noche, durante nuestra oración, recé por un trabajo. Por mucho que me gustaba ser voluntaria como jornadista y asistir a la universidad, todavía quería trabajar. Tan pronto terminó la oración, uno de nuestros hermanos en Cristo, Joe, se me acercó. Me preguntó qué tipo de trabajo estaba buscando. Lo pensé y dije "trabajo de oficina." Le expliqué que estaba en la escuela y que solo podía trabajar medio tiempo. Me dio el número de teléfono de su tío John y dijo que era supervisor de la sala de correo en un bufete de abogados en Manhattan. Llamé a John el lunes siguiente, quien me invitó a una entrevista. No solo conseguí el trabajo sino que el bufete de abogados estaba solo a unos diez minutos a pie de BMCC. Dios siempre pone todo en su lugar. Su plan es perfecto. Trabajaba de 4 a 7 p. m. de lunes a jueves y no tenía clase los viernes, así que trabajaba de 9 a 2 p. m. El día de pago eran los viernes, y mi primera parada después de cobrar mi cheque era la estación de tren para comprar mis fichas o tokens para la próxima semana. Las fichas "Y" costaban alrededor de un dólar o un dolar quince centavos. En 1991, mi cheque de pago semanal era de unos noventa dólares. No era mucho, pero estaba feliz de haberlo ganado. La siguiente parada era la tienda de diez dólares que vendía todos los artículos de ropa por diez dólares. Me compraba un atuendo para estrenar el siguiente viernes. A veces me pasaba y compraba más de la cuenta. Por lo regular, llevaba control de mis finanzas. Mi mamá me quería enseñar sobre ahorros pero no quería oírlo. Pero era aun muy joven y creía saberlo todo.

Amor a Primera Vista

El plan de Dios es perfecto. Han habido momentos en los que me he encontrado caminando sin dirección. Pero en medio de la confusión, siempre vuelvo a la oración, lo constante de mi vida. El hilo que me mantiene fuerte cuando todo lo demás parece estar haciendose pedazos. Esta vez, cuando estaba empezando a recuperar el equilibrio, Dios me bañó con bendiciónes y eventos alegres. Fue una tormenta de felicidad, y dentro de ella, me encontré con un hombre que me quitó el aliento sin esfuerzo. En un instante, transformó mi vida. Era tan importante para mí que se merece su propio capítulo.

La Diócesis de Brooklyn cerró la Iglesia de Santa María debido a la falta de fondos, y los jornadistas tuvimos que unirnos a otras iglesias. Me uní al grupo en San Pedro y San Pablo en Williamsburg, donde nuestras reuniones se celebraban en la sala de la rectoría. Era lo suficientemente grande para los 30 adolescentes que aparecían cada semana. Asistí fielmente a mis reuniones de Jornada todos los viernes por la noche. Mi papá, le apasionaba servir en la iglesia, me llevaba en carro porque las reuniones estaban un poco lejos de casa. Una noche de octubre, mientras nos concentrábamos en cada palabra del sacerdote, la puerta se abrió lentamente. Loyd, nuestro hermano en Cristo, y su amigo entraron. En el momento en que su amigo entró, empece a sentir mariposas en el estómago. Mi corazón se aceleró. Era alto y guapo.

Llevaba una gorra de béisbol, pero rápidamente vi sus ojos marrones y admiré su barba. Aunque parecía un poco desarreglado, como si hubiera estado trabajando en construcción, no importaba. Era, sin duda, el hombre más guapo que había visto en mi vida. Su mirada rodeaba por la habitación, y cuando nuestros ojos se encontraron brevemente, inmediatamente desvié la mirada. Por un momento, olvidé lo que el sacerdote estaba predicando. Nunca me había sentido así en mi vida hasta que lo vi. Fue amor a primera vista. Tales clichés existen, porque me pasó esa misma noche.

Cuando terminó la reunión, nuestro amigo Ricky anunció que organizaría una fiesta de Halloween en su casa, donde estaría deejaying. Mi buena amiga Rosa y yo rápido confirmamos nuestra asistencia. Me encantaban las fiestas y estas eran las únicas fiestas que me permitian atender. Cuando salimos, mi papá estaba esperando en el carro, listo para llevarnos a casa. Y ¿quién me estaba esperando afuera? Loyd y su amigo. Casi me desmayo. Mis rodillas casi se traban. Loyd preguntó: "Jess, ¿qué vas hacer ahora?" Le respondí: "Me voy a casa, mi papá está esperando en el carro." Luego presentó a su amigo, diciendo: "Este es Tommy, Tommy, ella es Jess." Tommy me saludó con un cálido saludo y una sonrisa. Su sonrisa era perfecta, sus dientes blancos y relucientes, acompañados de hoyuelos que calentaron las profundidades de mi corazón. Había una autenticidad en esa sonrisa. ¡Sí, estaba enamorada! Loyd quería hacer planes para otro día. Le dije que se lo haría saber. Por supuesto, tenía que ver mi agenda, pero lo que quería decir era: "¡Sí, sí, sí!" Nos despedimos y me subí al carro de mi papá. Durante el viaje a casa, me pregunté por qué Loyd me había esperado a mí. Habían tantas chicas en nuestro grupo de la iglesia que podría haber presentado fácilmente a Tommy a cualquiera de ellas.

De vuelta en casa, no podía esperar a compartir la noticia de Tommy con mi mamá. Le hable de su aspecto físico y de mi deseo de que fuera mi novio. Mi mente se aceleró, tramando formas de traerlo a mi mundo. Estaba convencida de que la reunión en la iglesia no era una coincidencia. Dios orquestó nuestro encuentro. Era el plan de Dios, y Tommy estaba destinado a ser mi esposo. Mi mamá quería saberlo todo. Ella me preguntó cuándo lo iba a volver a ver. Le hablé de la fiesta de Ricky y que estaba orando que que asistiera. Mi mamá estaba feliz por mí, pero me dijo que procediera con precaución.

Era tarde, pero Rosa y yo teníamos hambre y queríamos una hamburguesa, así que le pregunté a mis padres si podíamos ir a Kellogg's Diner. Como estaba a cruzar la calle del apartamento, dijeron que sí. Pedimos dos hamburguesas con queso y papas fritas para llevar. Mientras nos sentábamos en el mostrador, miré a mi alrededor y ¿a quién vi? ¡Loyd y mi futuro esposo! Tommy le señaló a Loyd que estábamos allí porque se dio la vuelta y nos saludó con la mano al aire. Luego Loyd se acercó y nos preguntó si queríamos sentarnos con ellos. Dije que no podía, pero tal vez en otra ocasión. Me sentía como si tuviera fiebre. ¿Cómo podría otro ser humano que acabo de conocer tener tanto impacto en mí? Esto nunca me había sucedido antes, ni siquiera mi novio de la escuela secundaria enredó mi corazón de esta manera. La verdad es que quería quedarme y cenar con él. Quería sentarme a su lado en esa cabina e intercambiar números de teléfono. Pero mi fantasía se interrumpió abruptamente cuando la camarera dijo que nuestra comida estaba lista. Nos despedimos y llevamos nuestra comida de vuelta a mi apartamento.

Una semana después, Rosa y yo asistimos a la fiesta de Ricky como planeado, y Loyd y Tommy aparecieron. Nuestros oídos estaban en sintonía con las melodías de música house y reggae en ese momento. Bailé al ritmo de Here I Come de Barrington Levy y Murder She Wrote de Chaka Demus mientras Tommy observaba desde la distancia, apoyándose casualmente contra la pared. Una cerveza descansaba en su mano. Me fui con algunos amigos para platicar, y al igual que Houdini, él desapareció. Más tarde, Loyd se me acercó y me preguntó si estaba disfrutando de la fiesta.

Respondí: "Si, me estoy divirtiendo. Que bueno que vi a tu amigo."

Loyd explicó: "Si, pero Tommy tuvo que irse; tiene un partido de fútbol por la mañana con sus hermanos. Pero me pidió tu número. Él dice que eres muy linda." La felicidad no me cabía.

"¿Hablas en serio, Loyd?" Exclamé. Debería haberme contenido, pero no pude. Yaya siempre dice que hay dos cosas que no puedes ocultar en la vida: el dinero y la felicidad. Ella tenía razón, no podía ocultarlo. Ni siquiera era mi novio, pero ya me hacía feliz.

Loyd respondió: "Me pidió que compartiera su número contigo también."

Loyd garabateó el número de Tommy en una servilleta, y lo metí en el bolsillo de mis jeans. Compartí mi número de mi beeper o localizador con Loyd, ya que los teléfonos móviles no existían en ese entonces. Me aseguró que se lo pasaría a Tommy. No sé porque no le di el numero de telefono de la casa. Eso lo hubiera hecho más fácil comunicarse conmigo.

Pasaron meses, y ni un solo bip. Luego, el domingo 26 de enero de 1992, un número de teléfono apareció en mi beeper. Estaba jugando boliche con amigos en ese momento, así que planeé devolver la llamada una vez que llegara a casa. El número no lo reconocía, así que revisé mi guía telefónica al llegar a casa. ¡Dios mío, era el número de Tommy! Era demasiado tarde para devolver la llamada, pero estaba en las nubes solo de saber que finalmente me había contactado. Al día siguiente, mientras preparaba la cena, me armé de valor para marcar su número. Mi estómago se llenó de mariposas otra vez, mi corazón se aceleró y mis manos se enfriaron. El teléfono sonó dos veces, y una mujer contestó.

Dudé, pero rápidamente recuperé la compostura y dije educadamente: "Buenas tardes. ¿Puedo hablar con Tommy, por favor?"

Ella preguntó: "¿Quién llama?"

Respondí: "Me llamo Jessica." Ella me pidió que esperara un momento y llamó a Tommy.

Unos segundos más tarde, escuché "Hola" y casi me desmayo.

"Hola Tommy, no sé si te acuerdas de mí, pero soy Jessica." Sentí mariposas de nuevo. Yo creo que hasta sentí ganas de vomitar de la emoción.

Pero antes de que pudiera terminar mi frase, intervino: "Por supuesto que te recuerdo, la amiga de Loyd con los ojos bonitos."

¡Dios mío! Se acordó de mí. Pero espera un minuto. Quería estar segura que no estaba hablando de Rosa, que también tiene ojos hermosos de color avellana. Le pregunté si estaba seguro porque mi amiga también tiene ojos bonitos.

Añadió: "Recuerdo la ropa que usaste la noche que nos conocimos: una camiseta blanca de Perry Ellis y unos jeans Girbaud de color corinto." Me impresionó el nivel de atención. Eso significaba que me prestó atención a mí esa noche. Me reí y le pregunté cómo estaba.

"Estoy bien", respondió. Le dije que había recibido su bip y que le estaba devolviendo la llamada.

Se rió y preguntó: "¿Por qué tardaste dos meses en devolverme la llamada?"

Estaba desconcertada por la pregunta. "Solo recibí tu bip anoche."

Luego nos dimos cuenta de que su bip no había entrado en noviembre. Loyd me marcó la noche anterior. Ese bip pasó sin problemas. ¿Lo puedes creer? Le habría devuelto la llamada si hubiera recibido su bip en noviembre. Pasamos unos treinta minutos hablando por teléfono pero tenía que atender la comida en la estufa. Él prometió llamarme al día siguiente. Como hombre de su palabra, llamó al día siguiente, luego al siguiente y al siguiente. Me invitó para almorzar el sábado 1 de febrero de 1992, a las 2:30

de la tarde. Con mucho gusto lo acepté. Nos juntamos ese día y nos fuimos a un restaurante cercano. Curiosamente, pedimos lo mismo: una hamburguesa con queso con papas fritas y una Pepsi. Aunque había llevado dinero para cubrir mi comida, él insistió en pagar. Puede parecer un pequeño gesto, pero me demostró mucho con ese detalle. Reveló el tipo de hombre que cuidaría a su mujer. Y años más tarde, vería que sí tenía razón. A partir de ese día, éramos inseparables. Encarnaba todas las cualidades increíbles que quería en un hombre. Era divertido, amable, inteligente, honesto, generoso y cariñoso. Quería lo mejor para mí y me celebraba cuando lograba algo importante. Me hacía sentir que yo era una prioridad en su vida. Me sentí amada, importante, querida y validada. Mi agenda estaba llena con la escuela, trabajo, mi vida social y la Jornada, pero hice tiempo para él, y cuanto más tiempo pasaba con él, más quería estar con él. Estaba completamente enamorada.

Cuando cumplimos cinco meses de novios, Tommy quería que conociera a su familia, una invitación que acepté de todo corazón. A este punto, había deducido que su familia debe ser tan increíble como él. Su hermana estaba organizando una barbacoa un sábado, así que en preparación, me fui de compras en busca del perfecto atuendo. Encontré una camiseta sin mangas de seda amarilla combinada con shorts de cuadros blancos, verde olivo y amarillo. Para completar el atuendo, usé zapatillas de punta verde olivo. Me alisé el pelo y opté por un maquillaje mínimo. Pero la belleza que irradiaba iba más allá de lo externo. Se debía a la felicidad y la emoción que burbujeaba dentro de mi corazón. Antes de salir de casa, mi mamá me dijo que me veía linda y que me divirtiera. También me pregunto si tenía dinero para un taxi por cualquier cosa. Tommy prometió llevarme a casa y pagar el taxi. Mi mamá me dijo que de todos modos yo tenía que tener mi propio dinero. Así son las madres latinas, tienes que llevar dinero contigo "por si acaso." Por supuesto, llevaba dinero en caso de emergencia.

Tommy y yo asistimos a la barbacoa juntos, y al instante me enamoré de su familia. Pero había una persona a la que estaba particularmente ansiosa por impresionar, su mamá. Tommy siempre hablaba de ella con gran amor y admiración, y pude ver lo mucho que se preocupaba por ella. Y después de pasar tiempo con ella, entendí por qué. De hecho, era una mujer muy especial. Tuve la suerte de haberla conocido. La admiración fue correspondida. Esa noche, su hermano se ofreció a llevarme a casa para que no tuviera que tomar un taxi. Una vez que llegamos a mi casa, Tommy me acompañó hasta mi puerta, me abrazó fuerte y me dijo que me amaba.

Después de conocerme, su familia me aceptó rápidamente y me invitaba a todas las reuniones familiares. Son una familia muy unida. Cuanto más tiempo pasaba con ellos, más los respetaba. Su hermana fue buena conmigo. Ella y su esposo fueron inspiración para nosotros. Sus hermanos fueron muy amables y respetuosos. Ver a Tommy interactuar con sus sobrinas y sobrinos me derretía el corazón. Siempre me imaginaba el día en que tuviéramos a nuestros hijos. Sería el mejor papá. Yo quería tener muchos bebés con él.

El Comienzo del Servicio al Pueblo

Tommy no era solo mi amor, sino mi amuleto de la buena suerte. Desde que lo conocí, mi vida cambió para mejor en todos los sentidos. Habíamos estado saliendo durante casi tres años cuando me preguntó si estaba interesada en trabajar para la ciudad. En ese momento, yo estaba estudiando de tiempo completo y a la misma vez trabajaba en un preescolar local. Aunque estaba interesada en trabajar con la ciudad, no quería que mi educación sufriera. Por primera vez en mi vida, disfrutaba los estudios. Dijo que su hermano trabajaba para la misma agencia que él y me dio el número de teléfono de su hermano para obtener los detalles del trabajo. Llamé a su hermano, quien dijo que trabajaba para la Autoridad de Vivienda de la Ciudad de Nueva York también conocido como NYCHA. Dijo que la oficina de administración donde trabajaba estaba buscando a alguien que ayudara con traducción, ayudar a la recepcionista y la entrada de datos. Dijo que trabajar para la ciudad era bueno porque ofrecen excelentes salarios y beneficios, y los empleados están sindicalizados. Honestamente, solo me interesaba saber sobre el salario. Solicité formalmente, fui entrevistada y, en una semana, fui procesada y recibí una fecha de contratación. Empecé a trabajar para la ciudad en enero de 1995. Por suerte para mí, el puesto que solicité no requería un examen de servicio civil.

Mi primer trabajo fue en la oficina administrativa de un desarrollo en la sección Bushwick de Brooklyn. Estaba a unos quince minutos a pie de casa. Además de aprender nuevas habilidades, conocí a gente de otras culturas. El personal de la oficina me hizo sentir bienvenida y realmente tenían interés en conocerme. Me reporte a la gerente de la vivienda, Chris, e inmediatamente me conecté con su secretaria. Aprendí mucho de ella. Ella era amable y muy honesta. También me enseñó a ser asertiva y a defender lo que es correcto. La admiraba mucho. Pronto formé parte del equipo e iba a almorzar y a cenar con mis compañeras de vez en cuando. La secretaria de Chris se convirtió en una parte especial de mi vida.

Trabajé allí durante casi cuatro años, y en 1999 me ascendieron a recepcionista. Pero, esa promoción se encontraba en otro desarrollo en la sección

Bedford-Stuyvesant de Brooklyn. Para entonces, Tommy me había regalado un carro para que no tomara tren o el autobus. Así que podía llegar a mi nuevo trabajo rápido por carro. Esta experiencia laboral en particular no fue la más agradable. Como yo era la recepcionista, era la primera cara que los inquilinos veían cuando entraban a la oficina. La única razón que el inquilino visitaba la oficina era para pagar el alquiler, hablar con su Asistente de Vivienda o presentar una queja. Si quisieran presentar una queja, hablarían conmigo. A menudo, debido a que ya estaban frustrados con las faltas de reparos, algunos inquilinos eran abusivos. Me insultaban, me amenazaban e incluso intentaron que me despidieran. No era feliz en este trabajo y quería renunciar todos los días. Pero seguí concentrándome en el premio grande. Mi objetivo era conseguir un trabajo en la sede de la agencia. Siempre he pensado que para convertirme en ejecutiva, tenía que trabajar con ellos. Tenía que estar cerca de ejecutivos para que pudieran ver mis habilidades.

Una inquilina en particular fue tan abusiva que me llamaba p*#* puertorriqueña. Una mañana yo no estaba de humor, ¡así que le dije que no era puertorriqueña y que no era una p*#! %. Ella me retó a pelear. ¿Me estaba hablando en serio? Se comportaba como una animal. Ella solucionaba todo con violencia. Le dije que mi almuerzo era a la una de la tarde, y que me esperara afuera. Mi gerente escuchó la conmoción y salió a la área de recepción. Me preguntó porque tantos gritos. No dije nada, pero la oyó amenazarme. Luego él le gritó a ella que si me tocaba, sería arrestada e incluso perdería su apartamento por agredir a un empleada. Ella nunca volvió a molestar. Y cuando llegaba a la oficina pagaba su alquiler y salía rápido. Aunque me alegré de que haya calmado la situación, le quería dar en la cara a esa mujer, solo una vez para demostrar que no le tenía miedo.

Afortunadamente, no todo el mundo era abusivo. Teníamos muchos inquilinos decentes y trabajadores. Conocí a la mamá de un joven adolescente afroamericano que había sido asesinado por una banda de blanquitos. Este caso salió en todas las noticias. Su mamá era un ángel. Era la mujer más amable, cálida, cariñosa y respetuosa que conocí. Cada vez que hablaba con ella, me preguntaba porqué era la vida tan cruel. ¿Cómo pudo perder a su hijo de una manera tan violenta cuando era una mujer tan pacífica? Escuché de otros inquilinos que su hijo era tan pacífico y amable como ella. Lo mataron solo porque era afroamericano y se encontraba en un vecindario blanquito. Cada vez que visitaba la oficina, tenía que abrazarla y decirle lo feliz que estaba de verla. Pero ella no visitaba mucho la oficina. Ella venía una vez al mes para pagar su alquiler. Y nunca se quejaba de nada.

Las mujeres que trabajaban en esa oficina también molestaban mucho. Me hacían maldades para dejarme saber que yo no era bienvenida. Por ejemplo, cuando regresaba al trabajo los lunes, encontraba mis cosas tiradas en el piso y comida a medias en mi escritorio. Nada estaba como lo había dejado. Y se que eran ellas porque siempre me ignoraban y cuando me hablaban era con actitud. Sé que lo hacían por envidia. Era la única hispana en la oficina y todos los hombres me trataban con especialidad. Los hombres ofrecían comprarme almuerzo, o me ofrecían desayuno. Un trabajador hasta me regaló un set de suéter bien lindo. El vendía los suéteres pero a mi, me lo regaló. Yo era la única mujer casada y tenía mi propio carro. Ellas no. Otra vez, lo que envidiaban era mi felicidad. Gracias a Dios su rechazo no me afecto porque ademas de mi esposo y mi familia, tenia mi circulo de amigas que si me querían. También tenía una vida social bonita que no tenía tiempo para tonterías.

Pero lo peor que me paso trabando allí, fue cuando me robaron mi carro. Una tarde después del trabajo, lo estacioné en frente de mi casa. Al otro día, Tommy me pregunto que donde había dejado el carro. Él siempre salía una hora más temprano que yo y se dio cuenta de inmediato. Salí a ver y mi carro no estaba. Se lo habían robado. No pude comprobar que alguien de esa oficina estaba atrás de esto. Pero al tercer día, la policía lo encontró a dos cuadras de mi oficina. Con mas razón quería salir de allí porque esto me demostró que me habían seguido a mi casa o buscaron en mi expediente de empleo. Allí podrían encontrar mi dirección.

Trabajé allí exactamente 18 meses antes de recibir otro ascenso. La póliza era que el empleado podía ser transferido después de cumplir 18 meses en su puesto actual. Contaba los días para salir de esa oficina. Pero no iba a conformarme con una transferencia. Quería un ascenso. Y gracias a Dios lo logre. Yo me lo merecía. Era buen trabajadora y nunca faltaba al trabajo. Y esa reputación me ayudo porque cuando presenté mi solicitud para el puesto en la sede varias personas me recomendaron.

Mi próxima parada con la agencia fue trabajar para el departamento ejecutivo. Y en exactamente 18 meses, fui ascendida a asistente ejecutiva de la defensora de solicitantes de vivienda publica. Mi nueva jefa cambió mi vida profesional. Ella fue la primera persona que me sacó de mi zona de confort, y le doy crédito por la profesional en la que me he convertido. No fue fácil porque significaba que tenía que asumir tareas con las que no me sentía cómoda y hablar con otros gerentes de su nivel y más allá. Pero, ¿sabes qué? Ella siempre me decía que era competente y que podía hacer cualquier cosa. Ella puso tanta confianza en mí que no pude decepcionarla. Ella me recordaba mucho a mi mamá. Me trataba con tanto cuidado y respeto. Después me enteré por ella que es del mismo mes y año que mi mamá. Eso explicaba porque sus personalidades eran tan similares.

Recuerdo una vez en particular. Se iba de vacaciones y me pidió que la representara durante una reunión ejecutiva con el presidente de la agencia. El día que me pidió que la representara, casi me desmayo. Inmediatamente le dije que no. Ella me miró como si estuviera mal, preguntándome por qué no quería. Le dije que no estaba preparada y que era demasiado tímida. Ella respondió que yo era más que capaz de representar a nuestra unidad y que estaría bien, a lo que volví a decir que no podía hacerlo. Ella se voltió hacia mí y me dijo: "Jessica, eres muy dramática, así que actúa." Me reí porque pensé que era una broma, pero ella hablaba en serio. Se acercó a su escritorio y me presentó la plantilla para mi presentación. ¡Sentía que ya lloraba y quería desaparecerme! Pero me hice la fuerte.

El día de la presentación se acercó, y todavía me sentía insegura. Sentí mariposas en el estómago y tenía las palmas sudorosas. Incluso tuve que correr al baño y ponerme una toalla de papel con agua fría en la frente, ya que estaba sudando profusamente. Al final, las palabras de mi jefa me salvaron de hacer el ridículo. Ella dijo que actuara, y eso es justo lo que hice. ¡Entré en la sala de conferencias y actué! Fingí ser ella, la mujer a la que admiraba. La mujer segura, articulada, inteligente y divertida que yo aspiraba ser. Mi participación en esta reunión duró menos de diez minutos. ¡Lo hice! Al regresar de sus vacaciones, sus colegas la felicitaron por prepararme para la reunión y bromearon diciendo que yo era una mini-ella. Ella estaba satisfecha con mi actuación y dijo que seguiría empujándome a asumir más responsabilidades para que pueda seguir creciendo profesionalmente. Esta experiencia me ayudo mucho y cada vez que me siento nerviosa, solo actúo.

Amor Que Duele

Después de cuatro años de ser novios, Tommy y yo nos casamos y nos mudamos a nuestro primer apartamento en Bushwick. Encontró el apartamento a través de su cuñado, que conocía a la casera. Entonces, alquilamos este apartamento de dos dormitorios por unos quinientos cincuenta dólares al mes, firmamos un contrato de arrendamiento por un año. Fue una renta con descuento porque Tommy aceptó limpiar el edificio, sacar la basura y estar presente para las lecturas del medidor de servicios. Todavía recuerdo cuando me llevo a conocer a la casera, María. María le dijo que se asegurara de que no me metiera problemas porque las vecinas eran muy chismosas. Se rió y dijo: "No, mi esposa no es así. A ella no le gustan los chismes." Mientras lo decía, me miró y guiñó un ojo.

Con la ayuda de mi familia y la suya, mudamos nuestras pertenencias al apartamento antes de la boda. La boda fue un Sábado, 12 de Octubre del 1996. No teníamos muebles, solo mi cama tamaño Queen y nuestra ropa. Mi cuñado nos dio una mesa y sillas de comedor usadas para tener un lugar para comer. También compramos dos armarios para guardar nuestra ropa. El resto fueron regalos de mi despedida de soltera. Estaba emocionada de desempacar y empezar una nueva vida con mi amor. Ya no estaríamos separados después de nuestras citas; ahora nos iríamos a casa juntos.

Decidimos no ir de luna de miel y ahorrar ese dinero para comprar una casa. Alquilar estaba bien, pero tener una casa propia era un plan más seguro. Ese apartamento trae muchos buenos recuerdos. Es donde aprendí qué tipo de comida le gustaba a Tommy, dónde desarrollé una rutina como mujer casada y donde disfruté de los brunches de fin de semana que preparaba para nosotros. Me encantó ese apartamento. Era pequeño, pero perfecto para nosotros. La habitación principal era nuestro dormitorio, y la segunda habitación era el vestidor. Pasé mucho tiempo organizando mi ropa y accesorios en ese vestidor. Teníamos una sala, pero no teníamos muebles. La cocina era pequeña y el baño era aún más pequeño. Pero éramos felices.

Los únicos dos incidentes desagradables que viví allí fueron enterarme de la muerte de Christopher Wallace, conocido como Notorious B.I.G., y las peleas que nuestros vecinos tenían de vez en cuando. Me devastó escuchar que BIG fue asesinado a tiros en Los Ángeles. Lo recuerdo como si fuera ayer. Estaba haciendo el brunch y tenía el radio puesto. De repente, en WBLS, creo, anunciaron su fallecimiento. ¡Estaba en estado de shock! De luto por la muerte de mi rapero favorito, y como homenaje toqué su música el mes completo; en el apartamento, en mi carro y en el trabajo... donde quiera que pudiera, lo hice.

También me molestaba las peleas de los vecinos. Un sábado por la tarde, escuchamos golpes y gritos mientras limpiaba el apartamento. Tommy estaba viendo la televisión en ese momento. Le pregunté si había oído los gritos que venían del lado, y dijo que sí, pero necesitábamos ocuparnos de nuestros propios asuntos. Le dije que no podía ignorarlo porque los gritos eran muy fuertes. Me volvió a pedir que no me metiera. De repente, el hombre le gritó a su novia: "¡Estás tratando de quemarme p*#! %? ¿Me tiraste la plancha?" Ella gritó que lo odiaba, y luego escuché más gritos y golpes en la pared. Cuando fui buscar el teléfono para llamar al 911, la puerta se abrió y él vecino salió corriendo. Ella le estaba gritando y lanzó algo más que golpeó la pared. Luego cerró la puerta del apartamento con llave, y Tommy dijo: "Te dije que no te metas." Le dije que no quería que pasara una tragedia y que, primero Dios, buscarían ayuda.

Durante este tiempo, también estudié para obtener mi ciudadanía estadounidense. Realmente no necesitaba que Tommy firmara mis papeles porque había sido una residente permanente legal de los Estados Unidos durante algún tiempo. Pagué todos mis impuestos, presenté la solicitud y presenté toda la documentación requerida por el gobierno. No puedo mentir, estaba nerviosa porque no conocía el proceso. La gente te da tanta información incorrecta que no sabes qué creer. Pero estudié mucho para poder pasar el examen. Aunque me encanta Guatemala, no sabía si me iban a deportar. Tenía esperanzas. Yo había estado trabajando para el gobierno de la ciudad durante unos años y nunca había tenido problemas con la ley. Pagaba impuestos incluso cuando trabajaba a tiempo parcial, así que en mi mente, nada debería salir mal.

El 29 de junio de 1999 me desperté muy temprano y repasé mis preguntas del examen de nuevo. Condujimos hasta la ciudad y me reuní con los funcionarios de los Servicios de Ciudadanía e Inmigración del Departamento de Seguridad Nacional de los Estados Unidos en 27 Federal Plaza. Me fue muy bien en la entrevista y el examen no fue difícil. Pase todo bien y mi solicitud fue aprobada. La ceremonia de naturalización, donde hice el juramento de lealtad, llegó en una fecha posterior. Una vez que me convertí en ciudadana estadounidense, inmediatamente me registré para votar y solicité mi pasaporte estadounidense. Hasta ese momento había estado viajando con mi tarjeta de residente permanente, pero obtener mi pasaporte estadounidense significaba que ahora podía viajar como estadounidense. Representar bien a los Estados Unidos es muy importante para mí. Yo amo América y cuando escucho el himno nacional, me emociona cada vez.

En menos de un año, encontramos una casa de dos familias cerca. Era una casa enorme con un patio enorme. Necesitaba arreglos, y por eso la compramos a un buen precio. Pronto encontramos inquilinos para el apartamento del segundo piso. Tommy y yo vivíamos en el primer piso y teníamos acceso al patio y al sótano, que también era enorme. Teníamos un espacio de estacionamiento en un lote justo al otro lado de la calle de nosotros. Mi vida era perfecta. Organizaba cenas, y fiestas para ver deportes y eventos de boxeo. Me encantaba cocinar para las navidades y las ocasiones especiales. Disfrutaba la barbacoas en el patio e invitar a mi familia y a la suya. Lo tenía todo! Pero mi felicidad solo duró cuatro años.

Mi príncipe azul, mi rey, mi amor y yo nos separamos debido a su indiscreción. De repente, él y yo no nos llevábamos bien. Hacía todo lo posible para averiguar qué había pasado en nuestro hogar. Yo pensaba que había hecho algo que dañó nuestro matrimonio. Que yo era la culpable. Ese hombre que tanto me cuidaba ya no lo reconocía. Mi casa se sentía fría y vacía. Él pasaba menos tiempo en casa y más tiempo en la "cancha de handball." Hasta que una noche él decidió irse a la casa sin explicación y quedarse con su mamá. Su mamá me llamó para decirme que el había llegado con ella y que se iba quedar allí. Ella le pidió que regresara a nuestra casa pero él decidió lo contrario.

Había pasado como tres semanas y de repente una noche el me llamó para que hiciéramos las pases. Me lloró, dijo que me quería y que el había fallado al salirse de la casa. Me pidió que lo perdonara. Le hice una pregunta, "¿Me engañaste?" Me miró a los ojos y me juró que yo era la única mujer en su vida y que el estaba enamorado de mí. Que no había otra mujer en el mundo como yo. Le creí y le di otra oportunidad pero con una condición. Que fuéramos a terapia de pareja. Él prometió que iría. Nos reconciliamos esa noche. Pero esa promesa fue en vano porque tres semanas después empezaron las peleas otra vez. El empacó sus cosas y se fue de la casa otra vez. Pero esta vez no lo iba perdonar porque yo no era jugete de nadie. Aunque estaba locamente enamorada de mi esposo, me quería yo mas.

Me quede viviendo en la casa por unas semanas pero me sentía muy sola y dolida. En marzo de 2001, regresé a la casa de mis padres porque estaba devastada y necesitaba a mi familia. Durante este tiempo, traté de mantenerme ocupada con el trabajo y pasar el mayor tiempo posible con la familia y mis amigas.

Después de unas semanas Tommy me llamó para preguntarme como estaba. Me preguntó si necesitaba dinero o algo más. Después de tanto drama todavía quería saber de mí. Lo cité para poner las cartas sobre la mesa porque hasta ese momento todavía no sabía porque él se había ido de la casa. Nos vimos en la casa, y descubrí que Tommy se había puesto a vivir con su amante y que esperaban un hijo. Podría haber perdonado su indiscreción, pero un embarazo, nunca. Esta noticia me destrozó porque, durante cuatro años, tratamos de concebir. Pasamos por tratamientos de fertilidad, y nada funcionó. Tal vez él pensaba que ella era más mujer que yo porque ella le iba dar lo que yo no podía. Nunca miré hacia atrás y no volví a la casa que me trajo tanta felicidad.

Mientras escribo este capítulo, todavía puedo sentir el dolor por el que pasé. Pasé por un período oscuro; no tenía ningún interés en salir, ir de compras o hablar con amigas. Me sentía un desastre emocionalmente. De repente lloraba de nada, y eso me pasaba donde quiera y a cualquier hora. Estaba de duelo por la muerte de mi matrimonio. Pero, ¿sabes quién me ayudó a superar esto? Las personas más fuertes que conozco. Las mujeres de mi familia. Mi mamá, Yaya, mi prima y mi tía fueron las mejores terapeutas. Yaya me dijo una vez que le diera gracias a Dios que no tuvimos hijos porque la separación hubiera sido diez veces peor.

Mi tía también me llamaba para ver cómo estaba regularmente. El número de mi prima estaba en marcación rápida. Ella fue una bendición. Ella era como una hermana para mí. Muchas veces, me desplomé en los brazos de mi mamá, llorando histéricamente. Era difícil aceptar mi nueva realidad. Pero ellas me ayudaron a superar los días oscuros. Dijeron que algún día entendería el plan de Dios, pero en ese momento el dolor me consumía.

En el fondo, sabía que nunca volvería a esa casa. Mi corazón estaba roto en un millón de pedazos. No sabía cómo hacer para no sufrir tanto. Pero había mucha gente buena a mi alrededor. Mi jefa me sugirió que fuera a consejería. Le compartí lo que estaba pasando porque confiaba en ella. Ella no era solo mi jefa, se había convertido en una buena amiga. También era terapeuta y conocía a alguien que podía ayudarme.

Una mañana, se acercó a mi escritorio y me dijo: "Jessica, creo que deberías ver a un consejero porque para superarlo, debes hablar de tu dolor." Escuché atentamente porque supe que su consejo venía de un buen lugar.

Añadió: "Mereces ser feliz. Quiero que consigas un calendario. Quiero que elijas a alguien en la oficina y le pidas una cita para tomar un café esta semana."

Yo estaba completamente confundida porque no conocía a mucha gente el el edificio.

Luego dijo: "Puedes elegir a cualquier persona al azar de la oficina y preguntarle si quiere tomar un café contigo."

Pregunté: "¿Alguien? ¿Y si dicen que no?"

Ella sonrió: "Entonces pregúntale a otra persona hasta que alguien diga 'sí'. La próxima semana, puedes pedirle a una persona diferente y empezar a construir una vida social."

Seguí su consejo, y en muy poco tiempo, almorcé, cené y tomé un café con varias personas con regularidad. También empecé a ver a un consejero e incluso participé en terapia de grupo durante unos meses. Mis sesiones eran todos los martes al mediodía. Por lo tanto, usaba mi hora de almuerzo para asistir a terapia, y comía en el tren. Tal vez preguntes, ¿por qué el martes al mediodía? Bueno, era el único tiempo que tenía disponible porque, además de tratar de arreglar mi vida, también me inscribí en el programa de posgrado en Hunter College. Mis cursos se impartían por la noche y tenía que mantenerme ocupada. Una vez más, mi jefa tenía razón; tenía que empeñarme para superar este trago amargo.

Pero Tommy no lo hizo fácil. No estábamos divorciados y todavía teníamos que lidiar con los inquilinos. Nos comunicamos a menudo, pero trataba de mantener las llamadas profesional. Evitaba hablar de su aventura o del hijo que su amante estaba esperando. Tristemente, todavía lo amaba tanto, y solo escuchar su voz me dolía el corazón. Me prometí a mí misma que no lloraría más. Yo no me merecía ese dolor y él no merecía mis lágrimas.

Pero esa promesa no duró. Un viernes por la tarde me llamó al trabajo. Sonaba triste. Le pregunté si estaba llamando por la propiedad. Dijo que no. Se detuvo. Le dije que estaba trabajando y que tenía que desconectar la llamada. Estaba a punto de colgar, cuando rompió su silencio.

Dijo: "Jessica, lo siento. No tenía otra opción. Tenía que dejarte. Tenía que protegerte."

Le recordé que era una adulta y que podía protegerme yo misma. Repitió que tenía que protegerme. Dijo que no quería que me pasara nada malo. Nunca me dijo mas que eso. Tommy reconoció que se equivocó y que falló en nuestro matrimonio. Hasta ese momento, yo fui fuerte. Pero las palabras que siguieron me rompieron el corazón en un millón de pedazos, de nuevo.

Empezó a llorar por teléfono. Nunca antes lo había oído llorar. Profesó su amor por mí. Dijo que yo era el amor de su vida. Debido a que sufrió la ausencia de su papá, no quería hacerle eso a su hijo. Pero él había deseado que yo fuera la mamá de su hijo en lugar de esa otra mujer. Sentí un nudo en la garganta. Tan pronto dijo eso, le dije que tenía que colgar el teléfono. Aunque no le di la satisfacción de escucharme llorar, tan pronto colgamos, mi corazón se desplomo por completo. Lloré todo el fin de semana. Todo me acordaba de él. No pasaba un segundo que él no estuviera en mi mente. Yo no estaba bien.

Pasaron unos meses y, un día en la oficina, recibí una llamada. No de Tommy, sino de su amante. Me estaba preparando para salir a almorzar con mi colega cuando sonó el teléfono de mi oficina.

Respondí: "Oficina de la Defensora del Pueblo para Solicitudes de Vivienda."

"¿Puedo hablar con Jessica?" Ella dijo.

"Habla Jessica", respondí.

"Hola Jessica, esta es la esposa de Tommy. Te llamo porque encontré tu información en su billetera. Quiero saber si se están viendo." Ella exigió saber.

Estaba en shock de que esta cualquiera tuviera la osadía de llamarme después de todo el daño que causó. Quiero decir, sí él me traicionó, pero ella también sabía que era un hombre casado. Era una cualquiera! Después de escuchar el sonido de su voz, respondí.

"Técnicamente, yo soy la esposa, y usted la amante. No estamos divorciados. Si quiere saber qué está haciendo, pregúntale a él. ¿Por qué me llama?"

Ella me interrumpió y se quejó de que él la rechazaba y le peleaba por todo constantemente.

"Es paranoica y se siente culpable. Lo perderá como lo consiguió. ¡No me vuelva a llamar!" Colgué el teléfono.

A veces sentía como una avalancha de emociones. Al principio, estaba brava, luego herida, luego brava de nuevo. Una pequeña parte de mí se alegró al escuchar que la rechazaba. Pero no importaba, aún así escogió vivir con ella. A veces me preguntaba por qué estaba pasando por esto, ya que siempre me consideraba una buena persona. Pero rápido rechacé esos pensamientos negativos porque no quería sentirme como una víctima. No, víctima nunca. Y desafortunadamente, esa no sería la última llamada que recibiría de ella.

Para aliviar parte del dolor que estaba sintiendo, me sumergí en el trabajo, salí y conocí gente. Me llevó mucho tiempo para superarlo, años incluso, pero hice todo lo posible para cuidarme a mí misma. Después de todo, tenía que verme en el espejo y asumir responsabilidad por mi vida, felicidad y bienestar. Hice un examen de conciencia durante este tiempo. Seguía culpándome a mí misma por esta situación pero cada día un poco menos. Tal vez si no me hubiera permitido quererlo tanto, no me doliera así. Busqué a Dios más que nunca. Durante una de mis oraciones, tuve un momento "Aha" de los que Oprah habla tanto; me di cuenta de que Dios me lo quitó porque Tommy era todo para mí. Solo me preocupaba por él y, por lo tanto, estaba descuidando mi relación con Dios. Sirvo a un Dios poderoso, compasivo, amoroso, justo, generoso y fiel. También es un Dios celoso. Una vez que entendí esto, pude aceptar la separación. Luego consulté con un abogado porque sentí que era hora de poner fin a este capítulo de mi vida. Pero aún así me seguía doliendo.

La gente a veces me pregunta si me arrepiento de haberme divorciado y la respuesta no es tan simple. No me casé con el amor de mi vida para terminar con todo. Sin embargo, mi mamá me enseñó a respetarme y amarme a mí misma. En retrospectiva, probablemente podría haber perdonado la indiscreción, pero nunca pude aceptar al niño. Y de ninguna manera estoy culpando al niño. Él niño es inocente en todo esto. Por mucho que quería a Tommy, no iba a pasar por el recordatorio constante de su traición. Así que protegí mi corazón y decidí seguir adelante con mi vida. En el fondo de mi corazón sabía que Dios me estaba dando la oportunidad de empezar una vida nueva y a mi manera.

Volviendo a Casa

En Agosto de 2001, mi mamá me invitó de vacaciones, y viajamos a Guatemala. Ella quería distraerme de este dolor devastador por cual estaba pasando. Pasar tiempo en Guatemala era precisamente lo que necesitaba. Así que reservamos nuestros vuelos.

Tommy necesitaba que firmara un cheque para la casa. Le dije que iba a viajar a Guatemala y que le podia firmar el cheque antes de irme. Esa semana estaba de vacaciones y acepté verme con él una mañana antes de mi viaje. Cuando me vio me dijo que me miraba linda. Le firmé el cheque y me despedí. Antes de caminar hacia mi carro, me entregó un sobre. Le pregunté qué había adentro y me dijo que era dinero en efectivo. Le devolví el sobre y le dije que no quería su dinero, pero él insistió en que me lo quedara. Dijo que me merecía unas buenas vacaciones en Guatemala y que me gastara el dinero en lo que quisiera. Me dijo que me amaba y que me extrañaba. También me dijo que solo estaba con la otra mujer por el niño, pero no sentía nada por ella. Él no estaba contento con ella. Antes de permitirle que jalara las cuerdas de mi corazón, le agradecí por el dinero y caminé hacia mi carro. Y sí le creía que todavía me amaba. Lo escuchaba en su voz cuando me hablaba y lo veía en sus ojos cuando me miraba.

Conduje a casa, y cuando llegué a mi habitación, abrí el sobre. Me había regalado mil dólares. Tal vez lo hizo porque se sentía culpable; ¿quién sabe? Me lleve la mitad del dinero a Guatemala.

Mi Yaya ya estaba en Guatemala de visita. Nos quedamos con mi bisabuela Rosa. Ese viaje era exactamente lo que necesitaba por dos razones: en primer lugar, para salir de Nueva York y, en segundo lugar, porque me di cuenta de lo bendecida que era. Había pobreza por todos lados en Guatemala. No fue deprimente, pero fue una experiencia reveladora. Quería darles dinero a todos, comprarles comida o regalarles mis pertenencias. Los guatemaltecos son muy humildes y se conforman con el más pequeño de los regalos. Son agradecidos por cualquier cosa que compartas. Y lo poco que ellos tienen, lo comparten contigo.

Lo más que aprecié de este viaje fue el tiempo que pasé con mi mamá, Yaya y mi bisabuela. Platicar con mi bisabuela Rosa fue muy interesante. Tenía noventa años y su mente todavía estaba muy aguda. Tenía una personalidad fuerte y era la jefa de su casa. Mi abuela, Yaya, un alma dulce, estaba atenta a las necesidades de su mamá. Siempre ha sido muy sociable, pasando tiempo con sus amistades y visitando a otros miembros de la familia. Ese verano, había cuatro generaciones en la casa. Aunque vivíamos vidas muy diferentes, todas compartíamos experiencias similares. Todas las mañanas, disfrutábamos de un desayuno típico guatemalteco que consistía en huevos, frijoles negros, crema, pan francés o tortillas frescas y café. Mi mamá y yo disfrutamos andar por la ciudad durante el día y llegar a casa a cenar. Compartíamos anécdotas por la noche mientras tomábamos café y comíamos pan dulce, o pan de manteca. El pan de manteca es un alimento básico en los hogares guatemaltecos.

Ir a Guatemala me hizo reflexionar sobre que otros seres humanos estaban sufriendo mucho más que yo. Me sentía tonta por sufrir por un hombre. Siempre he sido bendecida y he tenido mucho en mi vida. Mi mamá sugirió que hiciéramos la peregrinación a Esquipulas. Necesitaba sentir a Dios cerca de mí en este momento. No importaba cuánto tiempo pasara o cuánto me divirtiera; todavía extrañaba a mi esposo. Pensaba en él a cada rato. Nosotras llegamos a Esquipulas y al entrar en la basílica, sentí una paz en todo mi ser. El Cristo Negro está al frente e izquierda del templo. No podía creer el número de personas que habían allí. La gente estaba esperando en una fila para tocarle los pies a la estatua del Cristo Negro. Yo también necesitaba hablar con Él, pedirle ayuda y sentir su misericordia. Finalmente llegué al frente de la línea y me emocioné mucho, empecé a llorar sin control. Mientras rezaba, le pedí que reparara mi matrimonio. Le rogué a Dios que sanara mi corazón. Prometí traer a mi esposo a verlo si permitía la reconciliación. ¿Puedes creer que estaba tratando de negociar con Dios? Dios lo sabe todo y sabía que estaba sufriendo. Pasamos el día en Esquipulas antes de regresar a la casa de mi abuela.

El clima de Guatemala es tropical y cálido durante todo el año. Por eso le llaman la tierra de la eterna primavera. Mi bisabuela Rosa tenía un limonero en su patio. Cómo disfrutaba beber limonada fresca por la tarde. Mi bisabuela se sentaba en el patio todas las tardes y disfrutaba del sol. Un día, me senté afuera con ella y me preguntó por mi esposo. Me sorprendió que supiera que estaba casada. Honestamente, no quería hablar de él, y decidí no contarle sobre nuestra separación. Técnicamente, todavía estaba casada, porque el divorcio tardó una eternidad en finalizarse. Aparte de ser sabia, pensé que era psíquica. Me preguntó por qué viajaba sin él y me miró como si supiera algo. Tal vez Yaya le había contado de mi separación. Ella compartió su historia, que era similar a la mía, excepto que yo no tenía hijos, y ella sí. El papá de sus hijos también tuvo una indiscreción, y ella también se alejó, no miró hacia atrás y nunca lo perdonó. Como yo. Entonces, entendí de dónde venía mi fortaleza. Está en mis genes. Estaba asombrada de su fuerza emocional. Mi abuelita Rosa hablaba como si estuviera enojada. Pero durante nuestra platica, el tono de su voz era baja y suave. Me ofreció compasión y solidaridad al tomar tiempo para hablar conmigo. Después de nuestra platica, me acerqué a su limonero, recogí limones e hicimos limonada fresca juntas esa tarde.

También pude relajarme y disfrutar de la belleza de mi Guatemala. Fuimos a Antigua, la ciudad colonial española más vieja. Está rodeado por cinco volcanes, y uno en particular, Volcan de Agua, es más visible. Las casas están pintadas con colores festivos, y los vendedores ofrecen deliciosos dulces. Hay una pequeña tienda que vende café, y lo que aprendí es que Guatemala es uno de los mayores exportadores de granos de cacao utilizados para el café. También visitamos El Mercado Central. Tienen muchos puestos de comida y vendedores de productos allí, y puedes comprar un plato de comida por menos de dos dólares. ¡Comí de todo! No me contuve. Nuestra gastronomía es inspirado por los maya.

Visitamos la casa familiar de mi abuelo materno en San Andrés Itzapa. Le pagó a alguien que nos llevara en una camioneta. Tuve el placer de sentarme en la parte trasera del camión. Fue divertidísimo, la experiencia me encantó. Sentarme allí me permitió oler el aire guatemalteco distintivo y el olor de la gasolina barata al mismo tiempo. De milagro no me desmayé. El viaje en carro desde la casa de mi bisabuela hasta Itzapa fue un poco largo.

¡Cuando llegamos, estaba asombrada! Era un pueblo pequeño. Era super limpio y tenía una energía pacífica. La gente es muy educada y te saluda al pasar, aunque no te conozcan. Ojalá viviera allí. La familia de mi abuelo era gente muy sencilla. Eran dueños de sus casas y tenían empleados que los ayudaban. Tienen mucho éxito, pero no sé exactamente cual es el negocio familiar. Lo que sé es que mi abuelo era un escritor profesional y un bailarín folklórico. Era admirable. Solo tenía una educación de segundo grado y, sin embargo, logro tener mucho éxito. Fue autor publicado y escribió para un periódico en la Ciudad de Guatemala. Ahora sé por qué me gusta escribir. Está en mis genes. Le regaló a mi mamá una copia de sus libros. También vi cuántas personas lo paraban en la calle para saludarlo. Conocía a todo el mundo. Era prácticamente el alcalde honorario de esa ciudad.

Todos nos acercamos a la puerta principal de la casa de mi tía abuela. Una muchacha nos saludó y nos llevó al patio a tras de la casa. Mi tía abuela salió a saludarnos, y mi mamá me la presentó. Ella felicitó a mi mamá y le dijo que yo era "chula". No pude evitar mirar a mi alrededor y admirar la simplicidad de su casa. Sus muebles no eran caros, pero la decoración era elegante. Pero sobre todo, la limpieza era exagerada. A la derecha del patio había una enorme pila. La pila es un fregadero al aire libre hecho de piedra. La pila se usa para muchas cosas, incluyendo lavar verduras y frutas, ropa y platos. Si alguna vez compro una casa con un patio enorme, instalaré una pila cerca de la zona de barbacoa.

Fue una visita corta y agradable. Nos invitaron a almorzar. La muchacha preparó caldo de gallina con verduras. Ella nos sirvió caldo con arroz amarillo y tortillas recién hechas. También comimos chile o salsa picante casera hecha con chiltepe o jalapeño. La comida estaba deliciosa. Estaba fresca y los condimentos eran perfectos.

La comida estaba sazonada solo con hierbas frescas, sin polvos artificiales.

Me enamoré de la forma en que decoró la mesa. Era muy colorido. El mantel era blanco con flores bordadas en el medio y alrededor del perímetro. Las servilletas de papel eran blancas con diseños de flores. Los platos no coincidían, eran amarillos, rojos, verdes y blancos. La gran jarra de barro estaba llena de rosa de Jamaica. Yaya me contó que la rosa de Jamaica ofrece muchos beneficios. Por ejemplo, reduce la presión arterial, combate la inflamación y es un antioxidante. Es deliciosa y refrescante.

Desafortunadamente, nunca he aprendido a cocinar comida guatemalteca, pero sí me interesa. El día de nuestra salida, en el aeropuerto, compramos Pollo Campero, la versión guatemalteca de Kentucky Fried

Chicken. Es tradición llevarlo a los Estados Unidos. Los miembros de nuestra familias lo esperan con ansias. Hace poco me enteré de que ahora hay tres sucursales de Pollo Campero en la ciudad de Nueva York. Tal vez visite el que está cerca de Herald Square pronto.

Mi Herencia

Jetitos, Guatemala 1973

Mi mamá, B y yo, Guatemala 1973

Mi papá, Guatemala 1974

4 Generaciones, Guatemala 2001

El Día En Que Todo Cambió

Regresamos a Nueva York la primera semana de septiembre de 2001. Me sentía llena de energía, lista para volver a la oficina, y ansiosa por contarle a mi jefa sobre mi viaje y mi familia. Ella había demostrado ser solidaria, así que sabía que estaría feliz por mí. La ciudad de Nueva York estaba justo como la dejé. Disfruté volver a la energía rápida que solo posee Nueva York. Estaba loca por ver a mis amigas y empezar a reservar mis eventos sociales. La segunda semana de septiembre siempre es agitada mientras Nueva York se prepara para las elecciones primarias. Y me encantaba estar en medio de todo eso.

A las 7:20 de la mañana del martes 11 de septiembre de 2001, mi mamá y yo caminamos juntas para tomar el tren al trabajo. A mitad de camino de la estación de tren, mi mamá se dio cuenta de que había dejado su celular en casa. Me ofrecí a volver para conseguirlo, y ella respondió: "Está bien. ¿Qué podría pasar hoy?" Esas palabras se quedaron conmigo por mucho tiempo. Seguimos caminando y tomamos el tren para ir al trabajo. En ese tiempo, trabajaba en el bajo Manhattan y mi parada era Chambers Street. Mi turno de trabajo era de 8:30 de la mañana a 4:30 de la tarde, pero siempre llegaba temprano para desayunar con mis amigas y platicar un poco antes de empezar mi día.

Mientras preparaba mi informe matutino, escuché una fuerte explosión. Pensé que probablemente era una llanta de camión que explotó. Todavía puedo escuchar el sonido de la explosión hasta el día de hoy. Alguien detrás de mí gritó: "¡Volvieron a bombardear las torres gemelas!" Corrí a la ventana, miré hacia arriba y vi un agujero negro gigante en medio de la torre del lado norte. De repente, un incendio empezó a escapar del agujero. Corrí al teléfono de mi escritorio y llamé a mi papá, que también trabajaba cerca de las torres. Un hombre contestó el teléfono. Pedí hablar con mi papá, y tan pronto respondió, dije: "Dad, acaban de bombardear el World Trade Center. ¡Por favor, sal del trabajo y vete a casa!" Escuché a mi papá decirle a sus colegas que pusieran la televisión. Luego dijo: "okay, Cucla, te veré en casa, ten cuidado." El siempre me llama "cucla" que quiere decir muñeca en griego.

Volví a la ventana y fui testigo de algo que me atormentó durante muchos años. Cuando miré hacia arriba al enorme agujero, vi lo que pensé que eran escombros. Me froté los ojos, y vi que no eran escombros. Lo que estaba viendo era gente saltando desde el piso 80. Los que estaban atrapados en esos pisos altos eligieron saltar para evitar morir quemados. ¡Eso me dolió mucho! Algunos caían solos y otros en pareja. Un hombre en particular nunca lo olvidaré. Era alto y tenia un pantalón de color crema, una camisa blanca y una corbata corinta. Hasta pude ver que llevaba zapatos negros. Me imagine que era alto porque a medida que caía, se miraba muy largo. Y rápido me imagine el terror que pudiera estar sintiendo. Pero sin duda verlo me traumatizo. Quería ver y no quería ver a la misma vez. Estaba en shock y no podía moverme. Mientras miraba fijamente, noté un avión volando muy bajo y cerca de las torres gemelas. Pasó por la torre norte, y me preguntaba qué presenciaban los pasajeros de ese avión. Pense que el avión estaba tan cerca que los pasajeros tal vez estaban en estado de pánico. Probablemente estaban en shock como yo. Entonces, de repente, ese avión se dio la vuelta y se estrelló contra la torre sur. Mis compañeros y yo gritamos al verlo estrellarse. La explosión fue tan fuerte que nuestro edificio se sacudió. Se sintió surreal, como si estuviera en el set de una película de acción protagonizada por Tom Cruise, excepto que esta era la vida real, no una película. No lo podía creer. Todos en la ciudad estábamos en peligro en ese momento. Esto era una pesadilla y nuestras vidas nunca serían las mismas. Mucha gente murió en esos edificios sin poder escapar. Estoy segura de que la mayoría de las personas en las torres no esperaban el ataque del segundo avión. Todavía me duele pensar en ellos. También los recuerdo cada vez que bordo un avión o si estoy en un areopuerto o cuando escucho a los aviones que pasan por mi casa.

Escapar y sobrevivir este ataque era mi prioridad. Corrí a mi escritorio y agarré mi teléfono móvil y mi cartera. Mis colegas también corrieron al pasillo. En ese momento, trabajaba en el piso 24. Nos dirigimos a los ascensores y subimos al primero que abrió sus puertas. Miré alrededor del carro del ascensor y me di cuenta de que un hombre mayor, con el que había trabajado en el mismo programa, estaba parado allí inmóvil. Se veía muy pálido y en shock total. Todos nos salimos cuando se abrieron las puertas del ascensor en el primer piso, excepto mi colega. No se movió. Así que rápidamente lo empujé fuera del ascensor. Luego salimos corriendo del edificio. Inmediatamente me quité los tacones para correr lo más rápido posible. Nuestro edificio de trabajo estaba a dos cuadras del desastre, pero parecía que estuviéramos justo a cruzar la calle de las torres. El ambiente era caluroso, olía a humo y habían papeles quemados con sangre en el suelo.

Instintivamente, corrí hacia la calle Canal, que es la parte norte del bajo Manhattan. Cada vez que pisaba el suelo, sentía como si estuviera corriendo con carbón caliente. Me preocupaba que la planta de mis pies se volviera ampollas. Pero no me importó. Necesitaba escapar. Mientras corrí a un lugar seguro, la primera persona en la que pensé fue B. Llamé y le conté lo que estaba pasando. Inmediatamente se ofreció para ir a buscarme, y le dije que sería mejor que se quedara en Queens y que me subiría al próximo tren para Brooklyn. Acordamos reunirnos en Williamsburg. Luego intenté llamar al trabajo de mi papá de nuevo, y las líneas se apagaron. B fue la última persona con quien me pude comunicar. También pensé en mi mamá y que estábamos desconectadas. Ella ni tenía su celular ese día. Lo que quería era llegar a mi casa y ver a mi familia.

Estaba corriendo por Broadway hacia Canal Street junto con miles de personas que trabajaban por allí. Me di cuenta de que los taxistas abandonaron sus carros en la calle. Me esforcé por evitar el contacto directo porque las pocas veces que lo hice, lo que vi fue pánico y una sensación de shock y dolor en los rostros de la gente. Algunas personas estaban llorando, algunas simplemente estaban en la calle desorientadas, algunas estaban bravas y otras simplemente miraban fijamente. No sabía cual reacción era peor. Por supuesto, sentía que estaba viviendo el apocalipsis.

Finalmente, llegué a Canal Street y me subí al tren R que iba a Union Square y luego a Brooklyn. Sentada en el tren, miré a mi alrededor y me di cuenta de que nadie sabía lo que estaba pasando afuera. Me senté frente a dos mujeres que bromeaban en su idioma natal. Aunque no entendía lo que estaban diciendo o por qué se reían, una parte de mí deseaba poder sonreír o tener a una de mis amigas allí conmigo también. Me preguntaba cómo iban a tomar la noticia de que el mundo estaba acabando. Su risa pronto se convertiría en gritos y lagrimas. Rápidamente empece a orar para que todos llegáramos a nuestro destino de forma segura para abrazar a nuestros seres queridos. Fue el viaje en tren más largo de mi vida.

Tan pronto salí de la estación de tren, la primera persona que vi fue B. Como prometió, estaba allí. De camino a Brooklyn, contuve las lágrimas, pero sentí que estaba a punto de romper en llanto. A pocos metros de la estación de tren había una parada de autobús. Esa ruta de autobús nos llevaría a Queens cerca de mi casa. Pagamos nuestra tarifa y nos sentamos mientras el conductor del autobús fumaba un cigarrillo. De repente, una mujer comenzó a gritar y todos afuera miraban para arriba con la boca abierta. B y yo salimos del autobús para averiguar qué estaba pasando. Teníamos una vista clara de las torres gemelas desde la esquina de las avenidas Graham y Metropolitan. Ojalá nos hubiéramos quedado dentro del autobús. Cuando miramos hacia arriba, vimos caer la torre sur, creando una nube negra y enorme. Grite "NO! NO! NO!" Ya no podía aguantar más. Me solté en llanto y sentí que estaba a punto de colapsar. Las lágrimas no paraban. Miles de personas que no pudieron salir a tiempo. Me preguntaba, porque? Mi hermano llamó inmediatamente a un taxi y nos dirigimos a casa. No podía dejar de llorar, como ahora mientras escribo este capítulo. Siempre supe que este capítulo sería difícil de escribir. Veintitrés años después, todavía me duele inmensamente.

Cuando llegamos a casa, todas las líneas estaban apagadas. Pronto, mi mamá llegó, y ahora solo esperar a mi papá que todavía estaba en la ciudad. Todos rezamos para que estuviera fuera de peligro. Intentamos llamarlo varias veces, pero nada. Era alrededor de las 7 de la noche, y mi papá todavía no estaba en ninguna parte. Entonces suena mi teléfono. Corrí a contestar con la esperanza de que fuera mi papá. Pero no fue él.

Era mi jefa. Ella llamó para preguntarme si estaba bien y preguntó por mi familia. Esta tragedia ocurrió tan temprano en la mañana que ella aún no había llegado a la oficina, así que no la vi. Dijo que estaba en el edificio y que me estaba buscando en el departamento ejecutivo, porque sabía que mi amiga Regina podría decirle de mí. Mi amiga Regina estaba en silla de ruedas. Tan pronto mencionó su nombre, me sentí mal. ¿Qué clase de amiga era yo? Ni siquiera pensé en ella. Mi jefa saco a Regina del edificio con la ayuda de un trabajador de mantenimiento que se la llevo del área en un camión de NYCHA. Por suerte, ella conocía al conductor del camión y le pidió que llevara a Regina al Bronx o al centro de Manhattan, donde estaría fuera de peligro. El señor se la llevó al Bronx. Personas como mi supervisor y ese señor demuestran que todavía hay humanidad en el mundo. Y en medio de las tragedias, encuentras lo mejor en las personas.

Eran alrededor de las 11 de la noche, cuando mi papá finalmente entró por la puerta, completamente cubierto de hollín. Estábamos muy contentos de verlo, todos corriendo de inmediato a abrazarlo. Necesitaba quitarse la ropa y ducharse antes de decirnos dónde había estado. Una vez que terminó, mi mamá le preguntó si tenía hambre, pero comer era lo último que quería. Pidió una taza de café y agua. Nos dijo que cuando ellos (él y sus colegas) se estaban preparando para irse, el dueño del restaurante les preguntó si ayudarían a las personas corriendo del desastre. El jefe de mi papá mantuvo el restaurante abierto y les dio a todos los que pasaban buscando ayuda una agua, cerveza o comida gratis. Dejaron entrar al restaurante a quien necesitaba. El restaurante se llenó de gente, y luego las torres se desplomaron. Todos se quedaron atrapados en la ciudad y prácticamente tuvieron que caminar a casa. Los trenes y autobuses dejaron de funcionar, y los puentes se cerraron por razones de seguridad. Mientras compartía su odisea, mi abuela Yaya llamó y me preguntó si estaba bien. Cuando escuché su voz, empece a llorar de nuevo. Le dije lo que había presenciado. Ella también empezo a llorar. Dijo que estaba tan preocupada por mí que fue al trabajo de Tommy esa tarde, ya que pensó que él podría tener noticias de mí. Pero no. Yo no había hablado con él desde antes de mi viaje a Guatemala. Por primera vez en años, él era la última persona en mi mente. Solo quería saber de mi familia. Pero entiendo porque Yaya podría pensar que él y yo todavía teníamos alguna conexión.

Curiosamente, ese preciso martes estaba supuesta a ver a mi consejera a las 12 de la tarde. Y para llegar a su oficina, tomaría un tren que se salía de la estación abajo de las torres. Me puse a pensar que fuera de mi si el ataque terrorista hubiera pasado por esa hora. La estación de tren se llamaba World Trade Center. Ese día tan doloroso me hizo recapacitar que la vida es delicada y corta. Nunca se sabe cuándo es nuestro turno de irnos con el Señor y de qué manera. No sabes qué sorpresas te dará la vida o si tú y tus seres queridos están realmente fuera de peligro. Y mi amor por mi familia creció mucho mas.

Hubo un momento en el que no estaba segura si los volvería a ver, pero Dios fue misericordioso conmigo el día en que todo cambió.

Política del Viejo Mundo

Debido a la tragedia del 11 de septiembre, NYCHA perdió fondos y muchos empleados fueron despedidos tres años despues. Habían unos empleados que eran "provisionales" y yo era una de ellos. No tenía un titulo certificado con la ciudad. Y por los cortos, nos dejaron ir. Sin embargo, NYCHA nos trató de manera justa. Me avisaron con un mes de anticipación y me inscribieron en un taller para la redacción de currículums, las habilidades de entrevista y como buscar empleo por internet. El día que me dieron la noticia, me fui a casa, comencé a buscar trabajo y rápidamente conseguí uno en la oficina de la defensora del Pueblo de la Ciudad de Nueva York (PA). Gracias a Dios no sufrí económicamente porque mi último día con NYCHA fue el viernes, 9 de abril, y mi primer día con la oficina de PA fue el lunes, 12 de abril del 2004. Trabajar para NYCHA fue una experiencia fantástica por la que siempre estaré agradecida. Y trabajar para funcionarios electos me enseñaría el arte de la diplomacia.

Mi primer día de trabajo, sabía que sería un reto y mucho por aprender. Conocí al equipo de la unidad de defensores. La primera persona que conocí fue mi nueva supervisora, Dee. Dee era una mujer mayor que vivía en Harlem, en el alto Manhattan. Ella era alta, delgada y seria. Me encantaba cómo se vestía; era muy elegante. Ella me presentó a mis colegas, empezando por Irene. No recuerdo a otros colegas.

Despues me enteré de que había una alta tasa de rotación en esa unidad. Nadie duraba mas de dos años. Irene y yo nos llevábamos bien, y ella me enseñó a abogar por los constituyentes. Ella era muy inteligente y tomaba muy en serio su trabajo. Mi trabajo era abogar también. Me contrataron como la persona experta en asuntos de viviendas en la Ciudad de Nueva York. Debido a que trabajé para NYCHA durante nueve años, tenía experiencia sobre vivienda asequible y los derechos del inquilino. Me asignaron todas las agencias de vivienda locales, estatales y federales y aprendí rápidamente las regulaciones y pólizas relevantes. Desarrollé relaciones profesionales con otras agencias de la ciudad en muy poco tiempo, lo que facilitó mis esfuerzos. Aprender sobre el proceso legislativo era nuevo, y me parecía fascinante. También me enteré de que la defensora no solo era la voz del pueblo, sino que también presidiría sobre las audiencias del Consejo, el cuerpo legislativa del gobierno local.

Unas semanas más tarde, cuando salía de la oficina para irme a casa, Irene y un joven se dirigían al ascensor, y ella nos presentó. Al principio, me pareció arrogante. Me dijo "hola" pero estaba mirando en una dirección diferente. No me impresionó para nada. Pero más tarde, él jugaría un papel importante en mi vida.

Mientras tanto, pasé todo mi tiempo aprendiendo el trabajo, formas de mejorar la defensa y disfrutando de la vida. Me aseguré de crear un estilo de vida equilibrada. Mientras trabajaba duro, también disfrutaba mi vida. Viajaba mucho con mi familia y amigas. También llegue a comprar una casa en Orlando, Florida, y pasé mucho tiempo allí. Había estado trabajando en la oficina de PA durante tres años cuando me ofrecieron un ascenso. Una mañana mi directora me llamó a su oficina y me preguntó cómo me sentía con el trabajo. Dije que estaba satisfecha con el éxito de unos casos que pude compartir con nuestros colegas a principios de semana. Ella me felicitó y dijo que estaba muy orgullosa de mi trabajo. También dijo que se jubilaría a finales de año y que su subdirectora, Dee sería ascendida a directora. Otra defensora fue nominada para ser ascendida a Subdirectora de Servicios Constituyentes, pero rechazó la oportunidad. Luego me preguntó si estaría interesada, ya que también había sido nominada. No la dejé terminar e inmediatamente dije: "Sí, acepto." Ella sonrió y dijo que estaba feliz de escuchar eso. Antes de salir de su oficina, le pregunté por qué me nominó. Su respuesta es una que nunca olvidaré. Ella dijo: "Porque eres la primera en la oficina en las mañanas y la última en irse en la noche. Te concentras en tu trabajo. No te metes en chismes de la oficina. Y te preocupas por las personas a las que servimos."

Cuando dijo que me preocupaba por las personas a las que servíamos, sabía que estaba hablando de la vez que visité a un constituyente en su casa. Me asignaron un caso de un hombre que tenía cáncer de pulmón y que vivía en condiciones peligrosas. Cuando hablé con él por teléfono la primera vez, me presenté y le dije que revisaría su caso. El problema era que vivía en un piso sin ascensor y usaba una silla de ruedas mecánica y un tanque de oxígeno. Su mayor preocupación era que su compañero de cuarto fumaba en el apartamento. En ese momento, él estaba en la lista para un trasplante de pulmón, y para seguir siendo elegible no podía tener nicotina en su sistema. Su equipo medico le hacía exámenes para estar seguros que él no fumaba, masticaba tabaco o chicle de nicotina o si estaba expuesto a humo de segunda mano. Aunque su compañero de cuarto lo sabía, se negaba a dejar de fumar. Ese era otro problema grande.

El constituyente me autorizó que abogara por él y me envió copias de su documentación médica junto con cartas de NYCHA sobre el estado de su solicitud. Aquí es donde se puso técnico y tuve que prestar atención a cada detalle de su documentación. Sin ir demasiado lejos en su historial médico, puedo decirle que NYCHA le había asignado priorizado mal su solicitud. Antes de contactar a NYCHA, me sentí obligada a visitar a este caballero. Visitar a la gente no formaba parte de mi trabajo, y sabía que tenía que obtener permiso no solo de mi directora, sino también de la propia defensora. Así que, después de presentar mi propuesta a mi directora, pedimos una reunión con la defensora. Inmediatamente se reunió con nosotras. Entramos a su oficina mientras ella comía una ensalada verde muy saludable y bebía agua. Nos sentamos con ella y le presenté el caso. Ella expresó su preocupación por mi seguridad, y le aseguré que no tenía miedo y que estaría bien. Además, documentaría la fecha y hora de la cita en nuestra base de datos. La base de datos ya tenía la dirección y número de teléfono. Ella vio mi determinación y me permitió visitarlo.

Lo visité un sábado por la mañana. Cada vez que hablábamos por teléfono, su situación empeoraba. Cuando vi el edificio, me quedé asombrada, y no en el buen sentido. Toqué el timbre y la puerta se abrió. El edificio era muy estrecho y no estaba bien iluminado. Conté los 31 escalones desde el vestíbulo hasta el segundo piso. El resto de las escaleras tenían 28 escalones. Vivía en un edificio sin ascensor. Se vio obligado a dejar su silla de ruedas en la planta baja, creando un peligro para la seguridad del resto de los inquilinos. Me llevó unos minutos llegar a su apartamento en el cuarto piso, donde lo encontré de pie en la puerta con su tanque de oxígeno. Mi corazón se hundió. Parecía tan indefenso. Se quedó allí con un aspecto triste y sin esperanza. A partir de ese momento, estaba aún más decidida a ayudarle a conseguir un apartamento en un edificio con ascensor. Me dio la bienvenida adentro, y el olor a nicotina inmediatamente me consumió en la nariz. Caminó unos pasos antes de tener que parar. La visita duró 20 minutos. Me mostró su dormitorio, que estaba ubicado en la parte trasera del apartamento, cerca de la escalera de incendios. Lo visité en verano, y no tenía aire acondicionado instalado porque eso también sería un problema de seguridad contra incendios, y su propietario recibiría una citación del departamento de bomberos. Su apartamento la limpiaba una señora que su compañero de cuarto contrató, así que por lo menos su espacio estaba limpio. Tuvimos una pequeña conversación sobre su vida antes de enfermarse. Fue escritor y autor. Viajó por el mundo y tuvo una vida social increíble. Desde que su salud empeoró, sus "amigos" no lo habían visitado ni lo habían llamado. Se sentía muy solo por primera vez en su vida. Se me rompió el corazón al oír esto. Le di la mano y le dije que me pondría en contacto con NYCHA el lunes por la mañana. También le di las gracias por confiar en nuestra oficina para abogar por él.

El lunes siguiente, llegué temprano a la oficina para poner mis notas en la base de datos. De repente, la asistente ejecutiva de la defensora se detuvo en mi cubículo para informarme de que ella quería verme. Ella quería saber sobre mi visita y si estaba bien. Me conmovió que se preocupara por mi bienestar. Le conté todo lo que presencié y sobre los peligros de seguridad que encontré. También le dije que, según la póliza de NYCHA, ya que estaba viviendo en un estado de urgencia, él tenía derecho que su solicitud subiera de prioridad. Su solicitud había sido priorizada incorrectamente. NYCHA tenía dos prioridades: basadas en las necesidades y basadas en el ingreso del solicitante. Su solicitud se priorizó basada en su ingreso. Tenía un ingreso fijo pero tardaría una eternidad en ser llamado para un apartamento basado en ese código. Debido a que tenía un apartamento y no vivía en un refugio o la calle, NYCHA no consideró que tenía necesidad. Sin embargo, si calificaba para una prioridad de emergencia debido a su condición médica. Estaba decidida a que revisaran y cambiaran la prioridad de su solicitud. Se lo presenté a la defensora, y ella abogó por él. NYCHA revisó su solicitud y corrigió el error, con la fecha original cuando solicitó por primera vez. ¿Sabes lo que eso significaba? Inmediatamente recibió dos ofertas. Recibió una oferta para mudarse a un apartamento en un desarrollo local y el vale de Sección 8 para poder encontrar su apartamento en el vecindario de su preferencia.

Y como tenía equipo médico, se le concedió un apartamento de un dormitorio. Cualquier otra persona habría recibido un estudio. Me llamó para darme las buenas noticias y agradecerme por ayudarlo. Le di las buenas noticias a mi director y a la defensora. Lo que aprendí de esa experiencia es que debemos ir más allá para los necesitados. Las pequeñas cosas que haces pueden, en última instancia, salvar la vida de alguien. Los actos de humanidad no nos quita nada.

Pensé que mi nuevo papel como subdirectora iba ser un desafío. Sabía que tenía que crear límites porque ahora estaría supervisando a las personas con quien solía salir a cenar. Afortunadamente, mis colegas, a las que consideraba amigas, siguieron siendo muy profesionales y querían verme ganar. Me apoyaron mucho.

Curiosamente, nos acercamos aun más después de mi ascenso. Este resultó ser el mejor trabajo de mi vida. Dirigí un grupo de defensores que también se preocupaban por las personas a las que servían y disfrutaban sus trabajos, lo que facilitaba mi trabajo en el proceso.

Justo cuando pensé que había superado el dolor de mi divorcio, ¿quién llamó? Sí, Tommy. Llamó a mi móvil desde un teléfono público. Estaba en la vecindad tomando un taller de trabajo y quería verme. Al principio, dudé porque no sabía si su visita me afectaría. Pero le di la dirección de mi oficina y pasó por allí. La recepcionista lo acompañó a mi oficina y, por supuesto, todos en la oficina querían saber quién era este hombre tan guapo. Le presenté a cualquiera que pasara por allí. Incluso le presenté a mi colega, al que algún día se convertiría en mi pareja. Tommy dijo que estaba impresionado con mi éxito. También dijo que no le sorprendía porque yo era muy inteligente. Tuvo que irse, pero me preguntó si podía acompañarlo. Lo hice, y tan pronto llegamos a la parte delantera del edificio, me entregó un sobre. Basándome en mi última experiencia con sobres, sabía que tenía dinero. No quería recibirlo. Dijo que quería que lo depositara en mi cuenta y lo guardara para él. Le pregunté por qué no le se lo daba a sus hermanos y dijo que quería que yo se lo guardara.

Sabía que era su forma de mantener algún tipo de conexión conmigo. No tenía sentido, ya que ambos sabíamos que no había posibilidad de reconciliación. Ya estábamos divorciados. Pero dije: "Está bien." Cuando llegué a casa, abrí el sobre y había cuatro mil dólares. Como prometí, se lo guardé en mi cuenta.

Al otro día, me llamo otra vez. Era su último día de entrenamiento y quería verme otra vez. Esta vez me fue a buscar a la oficina a las cinco de la tarde. Me invito a cenar por allí y nos fuimos a cenar a un restaurante cubano, Sophie's. Como siempre, hablamos de nosotros y nuestros sentimientos. Pero esta vez fue diferente. No me dolió como antes. Incluso, sentí como si hubiera cenado con un viejo amigo. Al terminar, él pagó la cuenta y tomamos el tren. El se salió en una estación en Brooklyn y yo seguí para Queens. Pero antes de salirse del tren me dio un beso. Un pequeño beso en la mejilla.

Pasó mucho tiempo, y cuando finalmente me llamó, me dijo que me quedara con el dinero. Dijo que quería que yo lo usara. No me sorprendió porque, durante nuestra relación, siempre me daba dinero. Es un hombre generoso. Aunque no estábamos juntos, él siempre quería asegurarse que yo estuviera bien. Y así como él todavía quería cuidarme a su manera, yo también quería lo mismo para el.

Desafortunadamente no pude apoyarlo de cerca cuando su mamá murió. La mujer que él más amaba ya no estaba y sé que él sufría mucho por su perdida. Su hermana me llamo para darme la mala noticia. Primero estaba en shock y luego me provocaba correr a consolarlo o hablar con él. Pero rápido me ubique. Él ya tenía quien lo consolara, la mujer que él escogió. Su hermana sabía cuánto quería a mi suegra y por eso me invitó al funeral. Al principio no sabía qué decir. Legalmente no era parte de la familia pero ella insistió. Me dijo que todavía me querían mucho y que tenía que estar presente. Yo también tenía la necesidad de despedirme de ella. Ella fue muy buena conmigo y siempre me dio mi lugar como esposa de su hijo. Se las ingeniaron para que la mujer de Tommy no estuviera cuando yo llegara. Mis padres me acompañaron esa tarde. Con mi suegra se fueron todas las lágrimas y sufrimiento por mi historia con Tommy. Esa triste tarde, enterré ese capítulo de mi vida.

En 2009, el mandato de la defensora estaba expirando, y el personal comenzó a irse hacia otras oportunidades. Mi equipo se quedó hasta el final. Los viernes, mi grupo de amigas y yo a menudo salíamos a un restaurante mexicano cercano para tomar un tequila. Me lo pasaba super y todavía tengo esos bellos recuerdos.

Pero, como todas las cosas buenas, llegó a su fin. El 31 de diciembre de 2009, fue el último día del mandato de la defensora, y al igual que ella, el equipo ya no se presentaría en esa oficina en enero de 2010. El nuevo defensor electo, Bill de Blasio, llevo a su propia gente. Así que nos despidieron. Estaba triste porque no iba a ver a mis colegas y amigas todos los días, perdería el contacto con mis contrapartidos en otras agencias y perdería la rutina. Sin embargo, estaba agradecida por la oportunidad que me dio la defensora. Aprendí mucho de personas con experiencia. El ambiente de trabajo era diferente. Recibí orientación de personas que habían trabajado para la ciudad durante años y bajo muchas administraciones. A diferencia de hoy en día, las personas se colocan en posiciones de poder y autoridad debido a con quién están relacionados o con quién son amigos. Sí, el nepotismo está vivo. Tal vez siempre ha sido así; no lo había visto tan de cerca hasta que trabaje para otras agencias. Pero en la oficina de la defensora conocí a algunas de las mujeres más especiales del mundo. Todavía me comunico con algunas. También aprendí que un buen equipo comienza desde arriba. Si el director o jefe de la organización realmente se preocupa por las personas, su equipo también se preocupará. Si el equipo no es bueno, eso viene de la parte superior. La defensora es un ser humano excepcional, y tengo la suerte de haberla conocido en esta vida. Todavía me comunico con ella para saber como esta. Pero la política ha cambiado mucho. Nada de ese viejo mundo de la política queda ya. Aunque todavía sigo la política, porque es una de mis pasiones, no es igual. Todo parece tan superficial.

En general, esos años trajeron grandes recuerdos. Hice amigos, viajé y viví mi vida. Después de todo, me consideraba la versión latina del personaje ficticia Carrie Bradshaw. Al igual que el personaje de Carrie, me encantaba trabajar, pero pasar tiempo e ir a cenar o a tomar algo con mis amigas me hacía feliz. Ir a los conciertos era una parte de mi vida muy importante. También asistí al ballet en el Lincoln Center y a las obras Cristianas en Lancaster, Pensilvania. Estas experiencias sirvieron como terapia y tuvieron un poder curativo cuando más lo necesitaba.

Este también fue el momento en que Facebook se abrió al público. Originalmente Facebook fue creado para estudiantes universitarios. Pero cuando se abrió a todo el mundo, me inscribí de inmediato. Luego aprendí sobre el poder de las redes sociales. Facebook facilitó la conexión con antiguos compañeros de clase, amigos de la infancia y conocidos. Podría seguir la política de la ciudad de Nueva York y mantenerme al día con la familia al mismo tiempo. También escuchaba sobre la ruptura de matrimonios porque la gente revivía viejas relaciones después de encontrar a sus antiguos amores en Facebook. Había mucho drama en esta plataforma. Leí tantas peleas entre personas. Se volvió agotador. Es una espada de doble filo, por seguro. Después de perder interés, decidí eliminar mi cuenta. De vez en cuando, todavia puedo entrar, y revisar Facebook Marketplace, pero tan pronto encuentro lo que estoy buscando, elimino la cuenta de nuevo. Creo que es una buena plataforma para comercializar un negocio, pero no estoy interesada en el drama que trae.

La otra plataforma que recuerdo que visitaban mis colegas en la oficina de la defensora era YouTube. Desafortunadamente, no presté mucha atención en ese entonces. Si lo hubiera hecho, habría creado un canal y, a estas alturas, habría tenido un millón de suscriptores o más y habría ganado dinero únicamente del contenido. Pero nunca es muy tarde para empezar.

Más tarde, descubrí Instagram y me encantó. Instagram es principalmente una publicación de fotos, y aunque la gente puede enviarte mensajes directos, no lo encuentro tan imprudente como Facebook. He oído que a los "influencers" se les paga usando estas plataformas, y averiguar cómo hacer esto se ha convertido en mi obsesión.

El Que Recibe Mucho

El desplome del mercado de 2008 devastó a todos, especialmente a la clase trabajadora. Yo no fui la excepción. Aunque estaba feliz de tener un pequeño descanso del trabajo, no sabía que este "descanso" duraría dos años. Todo por lo que había trabajado hasta ese momento se había perdido. Alquilé mi casa durante algún tiempo, pero el inquilino se mudó y tuve que cubrir la hipoteca. Después de dos años agoté mis ahorros, me vi obligada a vender la casa que había tenido durante seis años. Durante este tiempo solicité diferentes puestos en agencias de la ciudad y empresas privadas, sin recibir una invitación para una entrevista. Las pocas entrevistas a las que asistí no produjeron una devolución de llamada.

Durante meses, asistí a eventos de networking y me reuní con antiguos colegas. ¡Y Nada! Todavía vivía con mis padres, que me apoyaban mucho. Me sentí muy mal por no poder ayudarlos con una o dos facturas. Dijeron que entendían que era un momento difícil y que me recuperaría pronto. Pero eso no sucedió. ¿A quién busqué? A Dios. Empecé a rezar mucho, rogando a Dios que abriera una puerta o que me diera una señal. Pero no pasó nada. Más tarde, aprendí que cuando Dios está callado, no significa que te esté ignorando. Solo significa que está trabajando en la vida que Él quiere para ti.

No recuerdo quién me habló del programa de cupones de alimentos. Pero los solicité. Pensé que con cualquier cantidad de cupones de comida que recibiera, podría ayudar con la compra. Sería mi forma de ayudar con los gastos de la casa. En ese entonces, las personas que solicitaban asistencia pública tendrían que hacerlo en persona. Así que visité una oficina cerca de mi casa, y la trabajadora que me entrevistó fue muy grosera. Primero, salió de una puerta gritando mi nombre como si estuviéramos en el mercado. Luego la acompañé hasta su escritorio, y tan pronto me senté en la silla frente a ella, me miró de pies a cabeza antes de hacer preguntas de manera interrogatorio. Simplemente no tenía habilidades interpersonales. Después de la entrevista, dijo que solo recibiría noventa dólares al mes para comida. Estaba agradecida, pero pensé, ¿quién sobrevive con esa cantidad? No sé cuál fue mi expresión porque rápidamente me preguntó: "¿Qué? ¿Quieres más? ¡Eso es todo lo que te van a dar!" Ella estaba ofendida, como si me fuera a dar parte de su cheque de pago o como si le estuviera pidiendo que donara un riñón. Le agradecí por su tiempo y me fui, prometiendo conseguir un trabajo para no tener que ser humillada así de nuevo. Ella es la razón por la que los trabajadores de la ciudad tienen una mala reputación. La gente a menudo critica a los trabajadores de la ciudad, llamándolos desagradables y perezosos. Y ella lo personificó. Cuando compartí esto con mi mamá, ella dijo: "Jetitos, has estado trabajando desde los 19 años y siempre has pagado impuestos. Estos servicios están aquí para los necesitados. Este es tu momento de necesidad." Además, dijo: "No eres perezosa, así que no te sientas mal." Pero en el fondo, me sentí muy mal. Prefiero trabajar y ganarme la vida. Mi mamá me crió con una gran ética de trabajo, para no tener que depender de nadie.

Como no me salió ningún trabajo, decidí seguir trabajando en mi título de posgrado. También ofrecí mi tiempo como voluntaria. Una mañana, escuché al reverendo Al Sharpton en la estación de radio WBLS. No recuerdo cuál era el tema esa mañana, pero le dijo a sus oyentes que la palabra dice: "El que recibe mucho, se le requiere mucho." Lucas 12:48. Al no saber mucho de la Biblia, no sabía lo que esto significaba. Así que le pregunté a mi papá, y él dijo que Dios me ha bendecido con muchas cosas y que debo bendecir a los demás. Así que, por ejemplo, aunque no estaba trabajando, todavía era hábil, y debería compartir esas habilidades con otros. Por lo tanto, esta es la razón por la que elegí ofrecer mi tiempo como voluntaria.

El sacerdote de la iglesia que asisto también es abogado de inmigración, y ayuda a algunas feligreses que solicitan visas U o visas humanitarias. Le pregunté si podía ayudarle unas horas a la semana. Se puso contento e inmediatamente dijo que sí. La verdad es que tenía muchos casos y necesitaba la ayuda. Porque soy bilingüe pude ayudarle a traducir los testimonios y declaraciones juradas a las solicitantes de asilo. Un día, se me acercó y me preguntó si ayudaría a una organización local sin fines de lucro llamada Bushwick Housing Independence Project (BHIP). Representan a los inquilinos que necesitan defensa. La mayoría de sus clientes eran inquilinos estabilizados en alquileres que sufrían acoso por parte del casero. Bushwick estaba pasando por gentrificación en ese momento, lo que llevó a los caseros querer alquilar los apartamentos por mas dinero a los blanquitos. El problema de la gentrificación era que la gente de color eran los que perdian sus apartamentos porque los caseros violaban los arrendamientos de alquiler. Esto no solamente era discriminación de ingresos pero también discriminación racial. Ellos quitaban los servicios esenciales, como agua caliente, y la calefacción obligando a los inquilinos a mudarse. Después los caseros alquilaban el apartamento a la tasa de mercado. Porque sabía sobre los derechos y las pólizas de vivienda, BHIP quería que fuera parte de su equipo. Desafortunadamente, tenían un presupuesto pequeño y recibia muy poca financiación discrecional de los funcionarios electos locales. Así que no pudieron contratarme. Su organización solo tenía tres empleados: la directora ejecutiva y dos defensores. Luego tuvieron otros voluntarios como yo. Serví brevemente en su junta directiva pero no era lo que quería. Todos los días rezaba que me saliera un trabajo.

Mi mamá estaba orgullosa de mí. Ella sabía que me gustaba ser voluntaria en ambas oficinas. Ella también fue voluntaria por un tiempo. Se ofreció como voluntaria en una despensa local. Curiosamente, no me sorprende porque mi mamá siempre quiere alimentar a la gente. Ella siempre pregunta a los que nos visitan: "¿Has comido? ¿Tienes hambre? ¿Puedo hacerte algo?" Y no importaba a qué hora del día, ella siempre cocina algo rápido para nuestros invitados. Hasta la fecha, ella asegura de que nadie pase hambre. Mi mamá tiene un corazón enorme, que es una de las razones por las que la quiero tanto.

Mi papá también se ofreció como voluntario en un hospicio durante algún tiempo. Compartía anécdotas que me rompían el corazón y otras experiencias que no quizo contar. Pero admiraba su pasión por servir. Lo imaginé sentado junto a la cama de alguien, rezando sobre ellos o haciéndolos sentir lo más cómodos posible. Después de todo, su mamá estaba en un hospicio antes de morir. Entendía lo difícil que era para el paciente y sus seres queridos. Si alguien podía ser voluntario en un hospicio, era mi papá, ya que siempre ha sido fuerte emocionalmente. Lo amo y lo admiro mucho. Mis padres ejemplifican "a quien recibe mucho, se requiere mucho." Lucas 12:48

Descubriendo Mi Vocación

Aunque ayudaba al abogado y BHIP, los viernes eran mi día libre y tomaba tiempo para disfrutar de algo, como un paseo por Manhattan o un café en un cafécito local. No tenía mucho dinero en mi cuenta, así que tenía que tener cuidado con lo que gastaba. Un viernes, fui a Barnes and Noble en Union Square. Necesitaba comprar un libro, ya que siempre he sido una lectora voraz. Siempre he pensado que los libros son una inversión. Son buenos para la mente. Me gusta leer biografías como la mía, específicamente sobre historias de mujeres. Me encanta leer cómo las mujeres han superado obstáculos y desafíos. Al entrar en la tienda, encontré rápidamente la sección de nuevos lanzamientos.

El primer libro que me llamó la atención se titula "Las Hijas de Juárez", de la periodista Teresa Rodríguez. Lo que me llamó la atención no fue solo el título, sino la portada. Es una imagen de cruces blancas plantadas en el desierto, que representan el feminicidio en México. Cada cruz representa a una víctima de feminicidio. La Sra. Rodríguez colaboró con dos autoras en este libro. Es una colección de piezas de investigaciónes que tratan de averiguar quién estaba detrás de las desapariciones y asesinatos de las mujeres de Juárez. Tomé el libro y fui al cuarto piso de Starbucks, compré un café con leche y empecé a leerlo. No pude dejarlo. Lo compré y lo leí en camino a casa. Este libro fue difícil de leer. No por el estilo de escritura, sino por las atrocidades que detalla. Pasaron algunos días, medité sobre mi vocación, y luego me di cuenta de algo importante. Me di cuenta de que Dios me llevó a leer este libro y me envolví en él porque mi vocación es ayudar a las mujeres. A partir de ese momento, recé para que Dios abriera una puerta para que pudiera encontrar un trabajo ayudando a las mujeres, específicamente a las mujeres latinas que sufren abuso.

Pasaron unas semanas cuando, de repente, recibí una llamada de una ex colega. Alguien con quien había trabajado en la oficina de PA. Ella me llamó para saludarme e invitarme a almorzar. A pesar de que estaba cuidando mis gastos, acepté reunirme con ella. Pasar tiempo de calidad con buenos amigos también es una inversión. Es bueno para el alma. La noche antes de nuestro almuerzo, soñé con ella. Soñé que estaba embarazada y que el bebé era una niña. En el almuerzo, hablamos sobre su trabajo, mi tiempo como voluntaria y la escuela. También le conté sobre mi sueño la noche anterior, y ella simplemente sonrió, cambiando el tema. Unos meses después, me invitó a una fiesta en su casa para celebrar la graduación de su esposo. Estábamos disfrutando la cena cuando de repente ella anuncia que esta embarazada. ¿Qué? No lo podía creer. Después se me acercó y me confeso que ella se había enterado unos días antes de nuestro almuerzo. Y que cuando yo le conté de mi sueño, era confirmación de lo que el doctor le había dicho. También, tenía solo unas semanas de embarazo y no quería decir nada hasta que tuviera por lo menos tres meses.

Antes de salir del restaurante, me preguntó si todavía estaba buscando trabajo. Dije que sí. Me preguntó si estaba buscando algo en específico, a lo que le conté sobre mi nueva pasión. Dijo que tenía una amiga que era parte de la junta directiva de una organización sin fines de lucro que ayuda y aboga por las víctimas de la violencia doméstica. Ella se ofreció a organizar una cita con su amiga para mí. Estaba muy emocionada con esto e inmediatamente le di las gracias.

Ese almuerzo fue un martes. Mi amiga luego programó una reunión para mí con su amiga ese jueves a las 10 de la mañana. Conocí a su amiga y compartí mi experiencia laboral con ella e incluso mi nueva vocación. Me pidió que enviara por correo electrónico mi currículum, que lo compartiría con la directora ejecutiva de la organización.

Por cuestiones de seguridad, no puedo revelar el nombre de la organización ni la ubicación de la oficina. Envié mi currículum en cuanto llegué a casa. A las 3 de la tarde de ese mismo día, recibí una llamada de una supervisora. Ella me invitó a una entrevista el lunes siguiente en una dirección anónima. Llegue a la entrevista y me fue muy bien. La misma supervisora me invito para una segunda entrevista. Esta vez sería con un panel de 3 consejeras el siguiente jueves. También asistí a esa entrevista y me contrataron ese mismo día.

De esta experiencia, aprendí que cuando le pides a Dios la oportunidad de ayudar a los demás, Él lo hará cuando estés listo. Cuando Dios tiene una bendición para ti, las puertas se abrirán sin problemas ni desafíos. Así es como supe que estaba respondiendo a mis oraciones. El lunes siguiente, comencé mi nuevo trabajo como consejera.

La consejería tuvo un impacto inmenso en mi vida. Asistí muchos talleres y acompañé a mis colegas en sus sesiones durante dos semanas. Como no tenía experiencia en consejería, necesitaba prepararme para mi primera sesión. Para proteger la identidad y privacidad de mis clientes, no nombraré ni proporcionaré detalles específicos de los casos que escuché. Sin embargo, compartiré el impacto de algunas de las historias y la fortaleza de esas clientes que todavía después de tanto tiempo, admiro mucho.

Mi primera sesión de consejería fue estresante. Sentí mariposas en mi estómago, pero estaba emocionada de apoyar a mi cliente. Me preparé emocionalmente porque pensé que experimentaría una crisis emocional después de la sesión, pero eso no sucedió. Sorprendentemente, estaba bien y todavía me sentía fuerte. A medida que pasaba el tiempo, me sentía más fuerte. Después de escuchar tanto abuso, entendí por qué los abusadores se comportan de la manera en que lo hacen y por qué sus víctimas se encuentran en estas relaciones abusivas. La violencia doméstica es un círculo vicioso que tiene que ver con el poder y control. El abusador es un manipulador maestro que impone miedo a su pareja. Por lo general, el abusador despoja a la víctima de su autoestima. La víctima es abusada emocional, física, espiritual, financiera y sexualmente. Los relatos que escuché en la sala de consejería fueron mental, emocional y físicamente agotadoras, y pronto, empezó a afectarme.

Mi colega me sugirió que fuera al gimnasio después del trabajo para poder liberar la energía negativa que me consumía durante esas sesiones. Ella tenía razón así que yo me inscribí. No solo hacía ejercicio cuatro veces a la semana, sino que ella y yo íbamos a clase de spinning los miércoles y después hacíamos Zumba. Me mantuve centrada en mi salud. Bebía jugo verde por la mañana en lugar de café y comía más sano. ¡Me sentía muy saludable!

Con mi salud mental y física sólida, podría concentrarme mejor en mis clientas. Aprendí de ellas que los humanos tienen el poder de sanar, si verdaderamente lo desean. Podemos hacer cualquier cosa que nos propongamos. Tuve clientas que, a través del consejería, descubrieron lo importantes y queridas que son. La autoestima es frágil y puede verse comprometida en cualquier momento. Muchas de mis clientas sufrían porque estaban aisladas de su familia y amistades. Estos manipuladores plantaban semillas de duda en sus corazones. Aunque me encantaría decir que ayudé a todas mis clientas, no lo hice. Pero no por falta de intento. Solía pensar en ellas, incluso los fines de semana o cuando estaba en el autobús antes o después del trabajo. Siempre oraba para que estuvieran a salvo.

Una mañana de verano, mientras caminaba hacia la parada de autobús, sonó mi teléfono móvil. El identificador de llamadas mostraba el número de Tommy. Después de todos estos años, todavía recuerdo su número de teléfono. Por un segundo, pensé que me estaba llamando para saludar o tal vez necesitaba darme noticias urgentes. Mi corazón se aceleró. Acepté la llamada.

"Hola", dije.

"Hola Jessica, ummm es..."

Tan pronto escuché esa voz, quise colgar. Pero no lo hice. La interrumpí porque no quería oírla decir que era la esposa de Tommy.

"¿Qué quiere? ¿Por qué me llama?" Pregunté.

Ella respondió: "Quiero saber si tú y Tommy están juntos porque él se pelea conmigo por todo."

Me quedé consternada. "Déjame ser clara. Si me llamas de nuevo, presentaré una denuncia a la policía por acoso." Y colgué.

Mientras subía al autobús, bloqueé ese número para no recibir otra llamada de ella. También me prometí a mí misma que nunca volvería a entretenerla. Si por casualidad llamara desde un número desconocido, simplemente colgaría. Necesitaba proteger mi paz. Estaba en otra relación en este momento y no quería que nadie me robaran la alegría. Después de tanta lucha, finalmente me sentía feliz.

Cuando llegué a la oficina, confié en mi colega. Ella se sentó conmigo antes de empezar el trabajo para brindarme su apoyo. Ella me recordó todas las grandes cosas de mi vida. También me recordó la vida miserable que esa mujer debe haber tenido. Después de todo, ella vivía con un hombre que solo estaba con ella por el niño. Y ella sabía que en el fondo él no la amaba. Gracias a mi colega, pude olvidarme de esa llamada inmediatamente. Ella fue muy especial para mi. Siempre me trato con respeto. Aunque perdimos el contacto, todavía tengo un lugar especial para ella en mi corazón.

Me encantaba mi trabajo, pero mi corazón comenzó a sentirse pesado. Empecé a sentirme culpable cuando llegaba a casa, pensando que siempre estaba sana y a salvo pero no podía decir lo mismo por mis clientas. Mi hogar es mi santuario, y no temo nada. Mis padres nos querían tanto a B y a mí, que crearon un ambiente seguro y amoroso y siempre nos protegieron. Pero no podría decir lo mismo de mis clientas. Cada vez que trabajábamos en un plan de seguridad, rezaba para que funcionara. Impartía talleres de educación financiera para prepararlas por si acaso tuvieran que escapar, tendrian sus ahorros. Las finanzas es la razon numero uno el porque no pueden dejar estas relaciones abusivas. El dinero no resuelve problemas, pero hace las cosas más fáciles. A veces, sentía que no importaba lo que hiciera, todavía estaban en peligro. No podía seguir asumiendo la responsabilidad de la vida de otras personas. Tuve que proteger mi corazón. Tuve que cuidar de mí misma. Esta fue una de las razones por las que renuncié después de solo casi dos años en el trabajo.

También me fui por razones de seguridad. Nuestra oficina estaba ubicada en un lugar no revelado. Un día, una de mis clientas decidió dejar a su pareja abusiva. El encontró la dirección de nuestra oficina con mi nombre y vino a buscarme. Tocó el timbre de nuestro suite. Mi colega lo vio en el videoportero y respondió. Dijo: "Estoy buscando a Jessica." Mi colega actuó como si no hablara español. Preguntó por mí otra vez y dijo que era el esposo de Jolie (nombre ficticio). También, dijo que ella salió de su casa por la mañana y no había regresado. Dijo que estaba preocupado por ella. Por suerte para mí, mi colega actuó rápidamente y siguió hablando en inglés. El hombre dijo "disculpa" y se alejó. Me quedé mas tarde ese día y le pedí a mi novio que me recogiera. Esa experiencia me asusto, y gracias a Dios nunca mas regresó. Intente comunicarme con la clienta, pero fue en vano. Ella había apagado su teléfono móvil y nunca volvió a llamar a la oficina. Hasta la fecha rezo que esté en un lugar seguro y que sea feliz.

La tercera razón fue porque me encontré mentalmente agotada por culpa de mi supervisora en ese momento. No la supervisora que me contrató inicialmente. Ella era increíble. Ella se había mudado, y pronto, recibimos la noticia de que nuestra contraparte había sido ascendida y que dirigiría nuestro equipo. Al principio, nos llevamos bien, pero ella mostró sus verdaderos colores poco después.

Ella no me soportaba. Después de todo, yo era joven, inteligente, segura de mi misma y ambiciosa. Me vestía como la directora ejecutiva de la organización a diario, y ella me odiaba. A veces hacía comentarios pasivo-agresivos sobre mis tacones o vestidos. Sus comentarios no me hacían daño porque yo me vestía para mí, por lo que su opinión era inconsecuente. También tenía una gran amistad con mis colegas, lo que tampoco le gustaba. Como no podía hacerme daño físicamente, trataba de microgestionar mi trabajo, creando un ambiente hostil.

Si hay algo que siempre he sabido de mí misma, es saber el momento de salirme de alguna situación. Una vez que empiezo a sentirme así, mi mente entra en modo de planificación. Sabía que mi tiempo aquí estaba terminando, y esta vez di un salto de fe, porque no tenía un plan.

Una mañana en el trabajo, entré en el baño y hablé con Dios. Le dije que, aunque me encantaba mi trabajo, sospechaba que mi supervisora me pondría en peligro de alguna manera. Le dije a Dios que iba a confiar en Él y que renunciaría. Lo cual hice. Sabía en mi corazón que Él no me iba a fallar. No tenía otro trabajo esperándome. Pero caminé a mi escritorio y presenté mi renuncia. Tan pronto la directora de recursos humanos la recibió, me llamó para hablar con ella y con la directora de consejería. Les di la razón por la que renuncié, y me culparon a mi. Dijeron que estaba estresada y que necesitaba algo de tiempo libre. La directora tenía una amistad personal con mi supervisora, así que quería protegerla. Para evitar que me quejara con el departamento de labor estatal me dijeron que me quedara en casa durante dos semanas. Me pagaron hasta fin de mes. Entregué mi tarjeta de identificación y me fui a casa. Aunque me sentí aliviada, tengo que admitir que también me sentí como una perdedora.

Al principio me sentí en conflicto porque no quería que nadie me sacara de un trabajo y al mismo tiempo tenía que proteger mi paz. Tampoco quería dejar atrás a mis colegas. Mis colegas son las personas más cariñosas que he conocido. Eran muy inteligentes y aprendí mucho de ellas. Desarrollamos una relación increíble y nos acercamos rápidamente. Pasé tiempo con ellas fuera del trabajo. Solíamos comer juntas. Nos reímos mucho de nuestras tonterías. Esas sí eran amistades saludables.

La ironía de todo esto es que trabajaba para una organización que supuestamente enpoderaban a las mujeres. Fui entrenada para enseñar a mis clientas sobre el poder y el control. Sin embargo, estaban abusando de mi en el trabajo. Ella fue la peor supervisora que he tenido en mi vida. Estoy segura de que ella estaba feliz de verme ir, pero no más feliz que yo. Una vez más, Dios tenía cosas más grandes y mejores para mí. Mi espíritu me dijo que Dios estaba contento de que yo confiara en Él.

Sirviendo de Nuevo

El mismo día que renuncié, me fui a casa y les conté a mis padres lo que había pasado. Para mi sorpresa, estaban contentos de que dejara ese trabajo. Sentían que era demasiado agotador emocionalmente, y necesitaba cuidar mi corazón. Después de hablar con ellos, me conecté al internet y empecé a buscar trabajo. Encontré algunas publicaciones para las que califiqué y una en particular con el Consejo de la Ciudad de Nueva York. Aunque me encantaba trabajar para funcionarios electos, también sabía que si era contratada, serviría a gusto del principal. El personal del consejo no está sindicalizado; eventualmente, una vez que expire el mandato del consejal, al igual que mi tiempo en la oficina de la defensora, me quedaría sin trabajo otra vez. Pero lo solicité de todos modos.

Luego me llamaron para una entrevista con un panel de 8 personas. No solo me desempeñé bien, sino que fui nominada para otro puesto que crearon después de conocerme. Originalmente solicité el puesto de jefe de personal, pero recomendaron que el concejal creara un puesto de directora de servicios constituyentes para mí. Lo que impresionó a uno de los participantes fue que yo había trabajado con el sacerdote unos años atrás. Él también conocía al sacerdote porque trabajaban juntos en la comunidad. Me preguntaron si estaba interesada, y dije que sí. Poco después, recibí una llamada del consejal; él llevaría a cabo la segunda y última entrevista. ¿Adivina qué? Él me ofreciero el trabajo esa misma semana.

Antes del primer día de trabajo, me llamó la subjefa de personal que quería conocerme, así que nos conocimos en un café local. Cuando llegué allí, habían tres mujeres. Yo fui la última en llegar. La subjefa me reconoció de inmediato, se presentó y a las otras mujeres. Eran encantadoras. Todas eran hermosas por dentro y por fuera. Me fui con la sensación de haber encontrado mi nuevo hogar y estaba emocionada de comenzar la nueva etapa en mi carera. Después de todo, esto sería fácil porque tenía muchos años de expcriencia con el gobierno.

Tuve que contratar a mi equipo dos semanas antes que el concejal abriera su oficina en el distrito. Entrevisté a bastantes personas antes de contratar a dos jóvenes. Una de ellas había trabajado con él anteriormente, y la otra joven trabajaba con una organización en el distrito. Estaban ansiosas por aprender, y sentí que construiríamos una relación de trabajo saludable juntas. Debido a que quería crear una estructura desde el principio, comencé nuestro trabajo revisando las pólizas de tiempo y licencia del ayuntamiento, el código de conducta y la póliza de vestimenta. Juntas conocimos y ayudamos a los constituyentes más necesitados de ese distrito.

Como directora de servicios constituyentes, asistí muchas reuniones en la comunidad. Intenté programar todas las reuniones en nuestra oficina, pero a veces eso no era factible. Un día me reuní con un ejecutivo de una organización sin fines de lucro cerca de la oficina. Al caminar de regreso a la oficina, ¿con quién me topo? Mi ex esposo. Sabía que trabajaba cerca, y hasta este punto, me las había arreglado para evitarlo. Ese día que me encontré con él, mi corazón se hundió. Estaba afuera del edificio donde trabajaba. No esperaba verlo. Tuve que pasar por alli para llegar a mi oficina porque cruzar la calle para evitarlo habría sido demasiado obvio. No puedo mentir. Quería hablar con él, aunque solo fuera un "hola." Se detuvo frente a mí y casualmente me saludó. Mientras intercambiábamos cortesías, me miró de pies a cabeza. Me sentí incómoda, pero rápidamente me recordé que no me había visto en mucho tiempo. Verlo me despertó muchas emociones. Todavía amaba a este hombre. Todavía lo echaba mucho de menos. Sentí mariposas en mi estómago que solo él podía provocar. Me alegré de verlo y quería que este momento durara más tiempo. Pero pronto, recordé todo el dolor que pase por su culpa y me despedí. Mientras me alejaba, sentí que sus ojos me penetraban; sabía que todavía me estaba viendo. Pero no miré hacia atrás, literalmente ni figurativamente. Nunca más lo he vuelto a ver, no sé nada de él y por supuesto es mejor así. Como dice mi tía, ese cuento ya paso a la historia.

La oficina del concejal estaba ubicada en el vecindario donde crecí. Mi ex esposo no fue la única persona de mi pasado que encontré en el vecindario. También vi a esa mujer que nos cuidó a B y a mí. La que abusó de su hijo adoptivo. La misma mujer que era tan mala. La misma mujer que controlaba todo y a todos los que la rodeaban. Pero el día que la vi parecía diferente. No parecía ni grande ni mala. Ella era mucho mayor y discapacitada. Ella usaba un andador. Caminaba muy despacio por miedo a caerse. Parecía frágil y vulnerable. Una vez más, tenía emociones encontrados. Me sentí mal. Quería ayudarla a cruzar la calle, pero no estaba sola. Su hija menor la acompañaba. Y, por humanidad, prometí nunca llamarla ese terrible apodo que le di y solo rezar por ella. Rezo para que se arrepienta de su comportamiento, y rezo para que su hijo adoptivo viva una vida feliz y saludable. Ese día, deje al lado la ira y el resentimiento que albergaba todos esos años.

Más tarde ese día, mientras estaba en el trabajo, recibí una llamada de mi mamá. Mi tía era pastora en una iglesia en París, Francia, y había invitado a mi mamá a visitarla. Me preguntó si iría con ella. Ni siquiera le deje terminar la pregunta. Dije: "¡Sí!" Luego le pedí permiso a mi supervisor para tomarme un tiempo libre. Ella pensó que era una oportunidad fantástica y dijo: "¡Absolutamente!" Así que, en aproximadamente una semana, nos dirigiríamos a Europa.

Sentí que mi corazón iba a explotar de felicidad. ¡Iba a PARÍS! Uno de mis sueños se iba hacer realidad. Esa tarde, me fui a casa y empecé a buscar ropa en mi armario. Al principio, quería empacar mis vestidos más bonitos, pero me di cuenta de que la mayoría de mi ropa era ropa conservadora. Lo único que hacía era trabajar. Traté de encontrar ropa "divertida", pero nada. Rápidamente pensé que estaría viajando a París y que la pasaría bien sin importar lo que me pusiera.

La mañana del viaje, me hice la manicura y pedicura. Organicé lo esencial para el cabello y mi maquillaje. Mi tía dijo que también visitaríamos Venecia, Londres, Roma y Barcelona.

Ya tenía nuestro itinerario listo. Ella había vivido allí durante algún tiempo y conocía la forma más barata de viajar a otros países. Estaba encantada de visitar tantos lugares. Solo teníamos una semana para ir a todas partes. Pero dijo que viajar de París a Londres es como viajar de Nueva York a Nueva Jersey. Empaqué, desempaqué y empaqué de nuevo. Estaba tan emocionada y preocupada que iba a olvidar algo. Por supuesto que lo hice. Hablare de eso en un rato. Finalmente, estaba contenta con mi ropa y mis zapatos. ¡Europa, allí voy!

Nuestro primer día en París, llegamos al aeropuerto y mi tía ya nos estaba esperando. El aeropuerto era super grande pero lo que me cautivo fueron los pisos. Los pisos estaban iluminados con luces especiales que daban la sensación que estabas caminando en agua llena de peces pequeños. Le tomé fotos porque era tan bello. He viajado a otros países y nunca había visto algo así. Tomamos un tren hacia la colonia donde vivía mi tía. Me encantaba porque era un lugar limpio y habían tiendas y un supermercado con productos europeos. Mi lugar favorito era la panadería, no muy lejos de su casa. En los Estados Unidos tenemos 'pan francés' pero no sabe nada como el pan hecho en Francia.

Durante nuestra visita, nos quedamos en el apartamento de mi tía. Curiosamente, ella pastoreaba una iglesia en el primer piso del edificio, y ella y mi tío, que en paz descanse, eran los únicos cristianos. El resto de los inquilinos eran musulmanes. Ella es tan admirable. Es una verdadera mujer de fe. Ella nos contó historias cuando intentó evangelizar a los inquilinos, principalmente mujeres, en ese edificio. Cada vez que hablaba, me perdía en sus anécdotas. Es sabia y una guerrera de Dios. La quiero y la admiro mucho. Ella y mi tío nos hicieron sentir bienvenidos, y yo estaba agradecida por esta experiencia. La misma noche que llegamos, busqué ropa para el viaje a Londres. ¿Pero, adivina qué? Lo que olvide en Nueva York, MI MAQUILLAJE! Pase varios días sin maquillaje hasta que llegamos a Roma. Compre un delineador de ojos y una mascara en una farmacia que vendían productos un poco viejos. Me acuerdo que el delineador era negro pero estaba muy seco y me costó cuatro euros. De milagro tenía un lápiz labial en mi cartera pero nada mas.

Salimos bien temprano al otro día y caminamos hacia la estación de autobuses. Tomamos un autobús de lujo. Y que creen? Ese bus se metió en un barco enorme. Era tan grande que habían carros estacionados en la parte abajo del barco. Hasta el autobús cupo. Ya parqueado, el chofer nos pidió que bajáramos del autobús y subiéramos al segundo nivel del barco. Allí, pudimos ver el mar que parecía infinito. Ese estrecho de mar se llama el Canal de la Mancha. Me acuerdo que tenía mucho frío y no llevaba suéter grueso. Como íbamos a visitar al palacio de la Reina Isabel II, Palacio de Buckingham, yo me puse un vestido negro con un collar de perlas blancas y sandalias cómodas para caminar. Nunca me imagine que Europa estuviera frío durante el mes de Agosto.

Cuando llegamos al puerto, pasamos por la aduana. Los funcionarios eran bien groseros y nada amables. Nos hicieron preguntas de mala manera como si fuéramos criminales. Yo lo tomé como si nos estuvieran discriminando por ser Latinas. Pero también entiendo que tal vez hay gente que viola las leyes de inmigración. Después de contestar sus preguntas, sellaron nuestros pasaportes. Subimos de nuevo al autobús y nos dirigimos a la ciudad de Westminster. Caminamos por la ciudad y paramos para tomarnos fotos en frente del castillo. Había mucho turista en la plaza. Nunca me había imaginado que iría a Londres. Pero estando parada allí, me preguntaba si la Reina Isabel estaba en el castillo en ese momento y que estaba haciendo.

Cuando estábamos paradas en frente del castillo, escuche un guía decir a un grupo de turistas que Su Majestad (como le llaman) a sido la monarca británica reinante más larga de la historia. Se convirtio en reina a los 25 años cuando su padre murió en 1952. También dijo que el palacio originalmente se llamaba Casa Buckingham y fue construida en el año 1703. ¡Me quede con la boca abierta! ¿1703? No me puedo ni imaginar como serian las casas normales en esa época. Después de visitar el castillo, nos fuimos de compras pero todo era muy caro y no compramos nada.

De allí, tomamos un tren que nos llevo a la playa de Brighton que queda en la costa sur de Inglaterra. Gracias a Dios que mi tía habla francés porque yo no entendía nada. La playa de Brighton es muy bonita. Había mucha gente en la playa y muchas tiendas y restaurantes alrededor. No vi ni un pedazo de basura en la calle. Cuando caminábamos por la playa me di cuenta de que no había arena sino piedrecitas. El mar era hermoso, agua cristalina y limpia. Aunque no entiendo porque había mucha gente si hacía frio. Por lo menos yo tenía mucho frío. Rápido busque en el internet que se podía ver en Brighton. En la lista vi el acuario. Aparentemente, es el acuario mas viejo del mundo. Empezaron a construirlo en el año 1869 pero se abrió en el año 1872. ¿1872? Cien años antes de mi nacimiento. Pero no teníamos tiempo para visitar el acuario. Comimos caldo de pollo con vegetales esa tarde antes de regresar a Londres y al barco regreso a Francia. Solo pasamos un día en Inglaterra.

Cuando regresamos a Francia, nos preparamos para ir a Italia por tres días. La próxima mañana nos fuimos al aeropuerto y tomamos el avión a Venecia. Nos hospedamos en un hostal estilo campamento. Estábamos en el medio de un bosque inmenso. Habían muchos tráilers y carpas enormes, cada una tenía dos camas. Al principio nos instalamos en las carpas pero al otro día pedimos un trailer para las cuatro. Mi mamá y yo en una y mis tías en la otra. Curiosamente en Venecia hacía calor. Nunca me había quedado en un hostal antes y rápido aprendí que no hay baños privados. Todos los que se hospedan allí comparten un baño inmenso donde está el inodoro y la ducha. Por supuesto hay dos instalaciones, uno para las mujeres y el otro para los hombres. Pero el hostal me encantó porque había gente de todas partes del mundo. Muchos estudiantes que pasaban por allí en rumbo a otras partes de Europa. Nos quedamos allí un día, al segundo día nos fuimos a Roma.

Nos levantamos temprano para desayunar. Adentro del hostal había una tienda que vendían el café con leche mas rico que he tomado en mi vida. Afuera de la tienda habían muchas mesitas con sombrillas y sillas de plastico y bancos de madera. Tambien tenían una televisión gigantesca. En las mañanas ponían las noticias y de noche videos musicales. Allí es donde escuchamos la cancion de Enrique Inglesias 'Bailando' con Gente D' Zona por primera vez. Cada vez que escucho esa canción me recuerda nuestro tiempo en Venecia. Tan bonitos recuerdos.

Dejamos nuestras maletas bajo llave y nos fuimos a explorar Venecia. Tomamos un bus y un barco para llegar. Esta ciudad es bellísima. Esta situada en medio de un lago en la región de Veneto. Es famosa por las góndolas y la arquitectura. Habían muchas joyerías, especializadas en joyas de vidrio. Me compre un par de aretes y un dije de cristal en azul. Visitamos como diez tiendas que vendían carteras de cuero de todos colores y tamaños. También noté que Venecia es un puerto donde llegan los barcos y cruceros. No hay ni un carro en Venecia. La gente se transporta por barco, las famosas góndolas o taxis acuáticos. Si necesitas una ambulancia, también llega por barco. Cenamos en un restaurante que tenía sillas afuera. Esa noche comí pasta fresca con salsa de tomate romano y una copa de vino blanco. Me encantó la comida autententica y fresca de Italia. Nos tomamos muchas fotos y antes de que oscureciera nos regresamos al hostal.

El viaje a Roma fue inolvidable. También tomamos un tren y el camino era largo. Pero gracias a Dios ese tren lo pudimos tomar cerca del hostal. Incluso, compramos los boletos del tren hacia Roma en la oficina del hostal. Fui bautizada y crecí en la fe católica. Así que ir a Roma fue un sueño hecho realidad. Mi mamá y yo entramos a la basílica de San Pedro en el Vaticano y casi me desmayo de lo lindo que es. Sentí una paz interior que no había sentido por mucho tiempo. Lo único que pude hacer fue darle gracias a Dios por todas sus bendiciones. Descubrí que las únicas personas que residen en el vaticano son las que trabajan allí y los religiosos, como el Papa, sacerdotes, monjas y la administración. Pero en el momento que la persona ya no esta empleada por el vaticano, se tiene que regresar a la región o país de donde vienen. Ya no puede quedarse allí mas. La población es de 800 personas solamente. El vaticano es el estado mas pequeño del mundo, de población y tamaño.

Caminamos hacia el Coliseo Romano y compramos unos recuerdos. Era inmenso, podía contener casi ochenta mil espectadores. El Coliseo era uno de los anfiteatros más grandes del mundo antiguo. Era tan grande que permitían a miles de romanos ver juegos de gladiadores, espectáculos públicos y cacerías de animales. Comenzaron la construcción en el año 72 AD (después de muerte de Cristo) y lo terminaron en el año 80 AD. Lo más increíble para mí fue saber que lo construyeron en menos de diez años. ¿Semejante piedras, como? A la izquierda del Coliseo habían cárceles donde tenían a los presos. Caminamos un poco mas y nos dirigimos hacia la ciudad a buscar un hotel para pasar la noche. Encontramos uno, un poco caro pero gracias a Dios tenían dos habitaciones disponibles. Dejamos nuestra bolsa con ropa para el otro día y nos fuimos a cenar. Cenamos comida china porque fue lo mas barato que encontramos. Caminamos por la ciudad un poco más y disfrutamos de un helado italiano que se llama gelato. Al otro día regresamos a Venecia a pasar el día completo al rededor del hostal. Nuestra última noche en Venecia comimos sándwiches de jamón con queso, un pan dulce y un café con leche, que ellos le llaman 'latte'. Estabamos sentadas afuera de la tienda disfrutando el sándwich y la música cuando de repente empezó a caer granizo. Pero eran tan grandes como el tamaño de naranjas. Rápido corrimos a la tienda y esperamos que pasara la tormenta. Si no corremos, nos hubiera golpeado. La senora que trabajaba en la tienda nos dijo que eso es normal en Venecia. Tal vez piensen que soy dramática pero pensé que era el fin del mundo. Por si acaso, le mande un mensaje a mi pareja por WhatsApp.

Gracias a Dios pasó y pudimos terminar de comer y cantar con la música que sonaba en la televisión.

En mi lista de deseos durante muchos años estaba visitar la Ciudad de las Luces y beber cafecito con mi tía. Y lo hice. Manifesté ese momento. Se lo mencioné a mi mamá cuando mi tía se mudó allí. Al regresar a Francia, descansamos esa noche. Al próximo día, pasamos todo el día en París. Fuimos a la Torre Eiffel. El guía nos contó que originalmente la torre fue construida para celebrar el centenario de la revolución francesa en el año 1889. Se tomó veintidós meses para completar. Rápido busque en Google la información, y sí es verdad. Él tenía razón. Pensé que se había tomado más tiempo que eso. También dijo que originalmente solo la iban a exhibir por unos años y después ser desmantelada pero se volvió tan popular que la dejaron. Le pusieron el nombre de Eiffel porque el empresario Gustave Eiffel, fue el ingeniero principal. Curiosamente, él también trabajó en la estructura interna de la estatua de la libertad que los franceses regalaron a los Estados Unidos en 1884. Aprendí que este gesto, fue muestra de solidaridad en busca de libertad y democracia. Los Estados Unidos también obtuvo su independencia de la Gran Bretaña en 1776. Para celebrar el centenario Francia le mando la estatua de la libertad. Fue enviada por barco en pedazos y en 1886 la reconstruyeron y fue puesta en la Isla de Libertad en el puerto de Nueva York. Después de hablar con el guía en el observatorio, tomamos el elevador al primer piso. Ese día cumplí mi sueño de ver la torre y tomarme un cafecito con mi tía en París.

El próxima día a tomar otro autobús. Esta vez, rumbo a Barcelona que es parte de Catalunya. Este estado es autónoma, y Barcelona es su capital. Este viaje fue el más largo de mi vida. Nos tomó 10 horas para llegar a Catalunya de Francia. Pero íbamos cómodas, no me puedo quejar. El chofer hizo varias paradas para que comiéramos y usáramos el baño. Lo único que no me gusto fue que un grupo de gitanas (ellas dijeron que eran gitanas) eran bien problemáticas. Estaban molestando a una muchacha joven y hasta querían pelear con ella. En una de las paradas, se bajaron tras ella para insultarla y pelear. Pero ella era mas decente y les dijo sus verdades y siguió andando. Ya no la molestaron el resto del viaje. También e visto en YouTube que llegan mujeres gitanas donde hay turismo para hacer problemas. Y nunca andan solas, siempre en un grupo. Pero es solo para distraer a la gente y luego robarles.

Cuando llegamos a Catalunya, ya era tarde y las tiendas estaban cerradas. Caminamos alrededor del hotel pero solo había un cafecito abierto. Al otro día, nos levantamos temprano para ir a desayunar. ¿Pero que crees? Todo estaba cerrado porque era domingo. Fuimos al cafecito y pudimos comer un pan y café. No te voy a mentir. El café no me gusto. Era más rico el de Italia. Después nos dirigimos a Barcelona por tren o como le dicen allá, el metro. Ellos hablan español pero también hablan Catalan. Barcelona está situado en la costa noreste de Catalunya en la orilla del mar mediterráneo. Es precioso. Pasamos todo el día caminando, haciendo compras y comimos dos veces. Cuando llegamos a Barcelona pasamos a McDonalds. Todo el menu estaba en Catalan. Pero pudimos comunicarnos porque también hablan español. A mi asombro, McDonalds vende cerveza por un euro. Ninguna de nosotras ordeno cerveza pero lo encontré interesante. Nos montamos en un autobús de turismo y vimos toda la ciudad de Barcelona. Antes de regresar al hotel, cenamos mariscos en un restaurante parte del mercado. Me encantó. Encontré todo tan bello. Me enamoré de Barcelona. Me encantaría regresar y pasar un mes completo.

Pasamos el último día en Francia en las tiendas donde venden recuerdos. Comimos en la casa de mi tía y platicamos sobre nuestro tiempo en Europa. Ese viaje fue memorable. No me malinterpretes, los lugares que visitamos eran bellísimos. Pero nunca olvidaré nuestras charlas matutinas durante el desayuno o las conversaciones de noche durante el café con mi mamá y mis tías. Platicamos de todo, desde lo bueno que es Dios hasta las maldiciones generacionales y más. Durante una de nuestras muchas conversaciones, mi tía me preguntó si consideraría volver a casarme. Inmediatamente dije que sí. Para mí la institución del matrimonio es muy especial si te unes a la persona adecuada y alguien que quieras de verdad. Ella sonrió con aprobación. Dijo que le daba gusto saber que mi experiencia no me amargó. Dijo que estaba rezando por las mujeres de la familia porque hay una maldición generacional. Inmediatamente pensé en la conversación que tuve con mi bisabuela Rosa en 2001. Mi bisabuela también dijo lo mismo. Mi tía dijo que está rezando para que algún día se rompa la maldición. Todavía estamos rezando y tengo esperanza. Recordaré ese viaje por siempre. Estoy muy agradecida de haberlo vivido con mi mamá.

A la semana, estaba en casa y de vuelta en el trabajo. Trabajé para el concejal durante once meses y renuncié en noviembre de 2014. Aunque me encantaba el trabajo, el salario podría haber sido mejor. Busqué otra oportunidad de empleo donde pagaran más. Pero más importante, una oportunidad que ayudara a mi gente. Solicité un trabajo en la Administración de Recursos Humanos de la Ciudad de Nueva York (HRA). Luego, el alcalde Bill de Blasio introdujo un programa de identificación emitido por el gobierno llamado IDNYC. Me contrataron a finales de noviembre de 2014 y, en diciembre, empecé a entrenar. Fui parte del equipo inaugural y me encantó. El programa se lanzó el 12 de enero de

2015. Este esfuerzo fue muy especial porque la tarjeta de identificación no es solo para ciudadanos estadounidenses, sino que también está disponible para los inmigrantes indocumentados que residen en la ciudad de Nueva York.

Una de las razones por las que quería trabajar para este programa en particular fue porque quería retribuir a la comunidad de inmigrantes. Parte de la historia de mi mamá es también la razón por cual quería trabajar con IDNYC. En los años 1970, mi mamá no tenía identificación. Ella, como muchos inmigrantes indocumentados, vivía en las sombras. Ella pasó por muchas penas por eso. Si hubiera tenido una identificación, no habría sufrido algunas cosas como estar sin hogar. Una vez me dijo que ella, mis tías y Yaya dormían en los trenes durante las horas de la noche porque no tenían donde vivir. Por la mañana, tomaban café y una tostada, y se dirigían al trabajo. En ese tiempo, trabajaba como ama de casa y niñera. Trabajaba de lunes a viernes, pero se le permitía ir "a casa" durante el fin de semana, y su casa era el tren. Cuando me contó esto mi corazón se rompío en mil pedazos. No puedo imaginar a mi mamá durmiendo en el tren. Sabiendo esto, trabajar para IDNYC sería mi forma de retribuir a nuestra comunidad para que la experiencia de nuevos inmigrantes fuera mejor.

He trabajado tanto para agencias como para funcionarios electos. Sin embargo, he disfrutado más el trabajo con funcionarios electos. Ellos tienen mas poder para cambiar el sistema legislativo. El ambiente es rápido, y la gente trabaja duro. Hay muchos eventos, y conoces a mucha gente.

Fui afortunada de trabajar con dos funcionarios electos. Eran buena gente, solidarios y talentosos. Promovieron un ambiente de trabajo saludable para todos los empleados. Aprendí mucho de los dos. Y hoy día si me necesitan o quieren trabajar conmigo, lo haría sin pensarlo.

Mis Amistades y Relaciónes

Atribuyo la forma en que manejo las relaciones a cómo me criaron. Soy independiente, ambiciosa, buscadora de diversión, cariñosa, sincera, y no me gusta sufrir por nadie. Cuando amo, amo mucho, pero una vez que termino una amistad o relación, no miro hacia atrás. Sí, esa soy yo. Toda la vida, he tenido muchas amistades y a veces algunas me han decepcionado. Quiero creer que hay buena gente en un mundo que a veces es tan superficial. Lucho contra impulsos de desconfianza. Yo también he cometido errores en el camino. Me esfuerzo por hacer las cosas bien y dejar por un lado las cosas que no puedo controlar.

Me aferro a los que más quiero. Los predicadores dicen que la gente llega a tu vida con un propósito y por una temporada. Nuestro tiempo en la tierra es temporario, cada momento con nuestros seres queridos es precioso. Navegar por las relaciones no es fácil, pero tampoco tiene por qué ser difícil.

Mi relación con mi mamá ha sido la más impactante. Mi mamá nunca me trató como a una niña tonta. Ella y yo siempre hemos sido un equipo. Mis ideas, pensamientos, esperanzas y sueños siempre han sido muy importantes para ella. Ella siempre ha dejado todo para escuchar mis cuentos locos sobre la escuela, los chicos, los amigos y las relaciones. Ella siempre ha protegido mi corazón. Y siempre me ha guardado bien mis secretos. Nos hemos reído, llorado, bailado y cantado juntas. Sus ojos todavía se iluminan cuando me ve igual cuando era una bebé, estoy segura. Me encanta que saca tiempo para compartir conmigo como mejores amigas. Siempre disfrutamos nuestras 'citas de madre-hija.' Pero cómo cambian las cosas. Ahora que soy mayor, quiero cuidar de ella. Quiero protegerla de todo. Me preocupa su salud, su dieta y su felicidad en general. Y todavía la admiro como el día que la vi en el aeropuerto en Guatemala cuando yo tenía 5 años.

Mi papá era el disciplinario. Al crecer, tenía un inmenso respeto por él. Yo también le temía. Pensé que me pegaría cada vez que me metía en problemas. Pero nunca me pegó. Bueno, una mañana sí se enojo conmigo porque me estaba tardando para desayunar e iba llegar tarde a la escuela. Se quitó el cinturón y en vez de darme a mi, le dio a la silla. Pero comencé a gritar como se me hubiera pegado. También me daba sermones. Sus sermones me ayudaban a entender que necesitaba cambiar mi comportamiento. Era un lector voraz y muy bien informado. Hiba a él con todo tipo de preguntas. Pensaba que lo sabía todo. Yo era la niña de papá, así que era extremadamente estricto conmigo. Solo quería protegerme. También gracias a él, nada malo me paso. Lo amo por eso.

B mi gemelo. Nuestra relación es extremadamente especial. Él es mi protector, mi confidente, mi inspiración. Lo admiro por muchas razones. Aunque nuestras personalidades son opuestas, siempre nos hemos llevado bien. El carácter de él es muy tranquilo, mientras que el mío puede ser un relámpago. Nuestros enfoques de la vida no podrían ser más diferentes: mientras yo disfruto de los platos sabrosos, él piensa que la comida es solo energía y considera que los condimentos son innecesarios; él es minimalista, mientras que yo no puedo resistirme a ampliar mi colección de moda; él es disciplinado y dedicado a su rutina en el gimnasio, mientras que yo busco cualquier excusa para evitar el ejercicio. Pero es paciente conmigo. Puede sonar difícil de creer, pero B y yo nunca discutimos ni peleamos. Es verdad. Durante los momentos más difíciles de mi vida, ha estado allí. Nunca me da sermones y no me da consejos no solicitados. Él solo escucha. Y a veces, es exactamente lo que necesito. Constantemente me impresiona su creatividad. Es un genio. Me inspira a ser mejor persona. Es disciplinado y un caballero. B es mi ángel en esta vida.

Mi relación con los miembros de la familia ha sido muy bien. No solo con mis padres, B, tías, tíos y primos a los que amo, sino con nuevos miembros de la familia. Mis padres se divorciaron hace años y mi papá se volvió a casar. Al principio, se sentía raro que mis padres no estuvieran juntos y que vivieran separados. Pero rápidamente me di cuenta de lo felices que estaban separados. Ambos parecían estar en paz. Debido a que soy súper leal a mi mamá, esperé a conocer a la nueva esposa de mi papá. Curiosamente, mi mamá y mi entonces pareja me animaron a darle una oportunidad. Lo hice y fue la mejor decisión. ¡Me encanta! Ella es una buena persona. Ella ama y se preocupa por mi papá. Conocer a sus hijos, ahora mi hermanastra y mi hermanastro también han sido una bendición en mi vida.

A lo largo de mi vida y por mi profesión, he tenido la suerte de conocer a muchas personas, pero no puedo llamarlos amigos a todos. Mi círculo siempre ha sido pequeño. Por muy amigable que sea, también soy desconfiada. Para mi, es difícil confiar en personas ajenas a mi familia.

Años atrás desarrollé una amistad con alguien a quien conocí en el trabajo. Trabajamos en el mismo edificio. Nos hicimos buenas amigas que incluso llegamos a viajar juntas. Nos llevamos muy bien, y confié en ella. Una vez, mientras pasaba por mi divorcio, confié detalles sobre mi ruptura. Pensé que se lo guardaría. No lo hizo. Un día, otra colega se me acercó en el ascensor y me advirtió sobre dicho amiga. Le había contado detalles de lo que pasó con mi ex esposo. Y cuando ella mencionó al bebé, me dolío el estómago y sentí la sangre hirviendo en mis venas. Mi "amiga" traicionó mi confianza. Los sentimientos de ira y dolor me consumieron. ¡Inmediatamente la llamé por teléfono y la insulte! ¿Cómo se atreve a contarle de mi divorcio? No hace falta decir que la eché de mi vida. Nos reunimos para almorzar años después, pero no fue lo mismo y nunca la volví a ver.

Tenía otra "amiga" que era muy exigente emocionalmente. Ella era agradable, pero también podía cortarte con sus palabras. Necesitaba validación emocional constantemente, y eso me agotaba. Nos conocimos en el trabajo. Un día, escuché que lloraba mientras hablaba por teléfono en su cubículo. Estaba tan angustiada que me acerqué para ver si necesitaba algo. Me contó que lloraba porque su hermano había desaparecido. Aunque no podía ayudarla a encontrarlo, le pregunté si quería salir a tomar un café algún día para platicar. Respondió que sí de inmediato, y así comenzamos nuestras citas de café semanales que continuaron durante 15 años. Nunca sentí que ella traicionara nuestra amistad, la verdad es que simplemente se fue desvaneciendo. Ya no teníamos mucho en común: ella hablaba solo de sus nietos y sus malestares y yo de mi carrera y novio. Al principio me dolió porque le tenía mucho cariño, pero ahora pienso que fue lo mejor para ambas.

Siempre he apoyado a las mujeres y me gusta el empoderamiento de las mujeres. Solo la mujer conoce las luchas de otra mujer. Sin embargo, por las experiencias que he tenido con algunas mujeres, me ha resultado más fácil hacer amistades con hombres. Honestamente, siempre ha sido difícil mantener amistades con mujeres. Los hombres no compiten con las mujeres. Las amistades con los hombres traen otros desafíos, pero nunca se trata de competencia ni envidia. Algunas personas argumentarían que los hombres y las mujeres no pueden ser amigos. No estoy de acuerdo. Siempre y cuando ambos respeten los límites. Siempre he sido honesta con mis amigos sobre mis sentimientos y lo que no deben esperar de mí o no.

También he tenido algunas amistades y relaciones increíbles. Ahora hablemos de Jay. Mencioné que era mi mejor amigo en la escuela. Él y yo teníamos las mismas clases durante nuestro último año. Mientras estábamos en la escuela secundaria, estábamos enamorados el uno del otro, pero nunca dijimos nada. No fue hasta después de la graduación que confesó que hasta me había escrito una canción. En ese tiempo, quería convertirse en un rapero famoso. Le pedí que me mostrara la letra o que rimara, pero siempre se negó. No estoy segura si era tímido o estaba preocupado de que yo heriría sus sentimientos.

Después de graduarnos, él y yo asistimos BMCC, aunque no teníamos clases juntos. Así que por esa razón, tuvimos que ser intencionales al pasar tiempo juntos. A menudo nos reuníamos para almorzar o cenar. Él era vegetariano, y yo no. Él me enseñó sobre la gastronomía vegetariana, pues era su obsesión. Jay era bi-racial. Era alto, moreno y guapo. Tenía la mejor personalidad. Era divertidísimo. Era super honesto. Era cariñoso y tenía un lado tierno. Me encantaba pasar tiempo con él. Pero una vez que empecé a salir con mi ex esposo, las cosas cambiaron.

Tommy era muy celoso y no quería que me juntara con Jay. Sacrifiqué mi amistad. Siempre me arrepentiré de esto porque ya no puedo recuperar ese tiempo. Lo que aprendí de esa experiencia es que si un hombre te ama, nunca te obligara a elegir entre él y tu familia o amigos. El amor verdadero no es celoso ni controlador.

Jay y yo tomamos caminos distintos. Él estaba involucrado con otras mujeres, y yo estaba con mi ex. Sin embargo, lo vi años después cuando ya estaba divorciada. Iba a una cita medica cerca de su apartamento. Lo llamé para decirle que estaba en la vecindad. Me dijo que lo llamara cuando saliera del consultorio médico, lo cual hice. Luego me pidió que pasara por su edificio. Cuando me vio, me dio el abrazo más cálido y largo. Él estaba realmente feliz de verme. Después de todo, había pasado mucho tiempo. Me dijo: "Linda, te ves bien guapa." Jay me había llamado "linda" desde la escuela. Nunca me llamó por mi nombre. Vivía en una casa privada de dos familias. Subimos a su apartamento en el segundo piso. Me miró con el mismo amor que en la escuela secundaria. Nos sentamos en su sala, y a pesar de que hablamos principalmente sobre el vegetarianismo, todo lo que podía pensar era en nuestra amistad que se había perdido. Pasamos alrededor de una hora poniéndonos al día antes de que me dirigiera a casa.

Unos años más tarde, me encontré con él de nuevo. Esta vez, era cerca de mi casa. Una vez más, sentí una fuerte atracción entre nosotros. Él me dijo que le gustaba mi atuendo y me preguntó si estaba viendo a alguien. Le dije que no. Confesó que se arrepintió de no haber hecho de mi su novia porque siempre había sentido algo por mí. También dijo que nos habíamos perdido muchas cosas en nuestras respectivas vidas. Durante nuestra breve conversación, dijo que le gustaba hablar conmigo e incluso que quería volver a verme. Pero estaba saliendo con una mujer con mal genio e increíblemente celosa. Mencionó que si ella veía lo bonita que yo era, se vuelve loca. Él no quería problemas con su novia, y yo tampoco quería eso para él. En ese momento, él vivía en Brooklyn, y yo ya me había mudado a Queens. Entonces entendí como se sintió cuando yo elegí a Tommy sobre él. Ahora era él quien elegía a otra mujer.

No nos volvimos a comunicar hasta unos años más tarde, cuando se mudó a Queens. El tenía problemas en el trabajo. Me llamaba de vez en cuando.

La última vez que recibí una llamada de él fue en 2020, antes de la pandemia. Hablamos durante unos 20 minutos ya que ambos estábamos en nuestros respectivos lugares de trabajo; estaba muy feliz de escuchar su voz. Dijo que me llamaría en los próximos días pero no lo hizo. Nunca volví a saber de él. No puedo mentir, me entristece imaginar que algo podría haberle pasado a mi Jay. También me puse en contacto con algunas personas que conocemos en común, y nadie ha sabido de él. Siempre me preocuparé por él y rezaré para que esté bien y feliz.

A medida que maduro, me encanta pasar tiempo sola porque puedo hacer lo que quiera y viajar a donde quiera. Muchas cosas cambian cuando estás en una relación. Es necesario pasar tiempo sola y poner las cosas en perspectiva después de una ruptura.

Nunca soy la misma después de una relación. En cada relación, he sentido lo habitual, felicidad, alegría, dolor y tristeza. Y es normal. He estado soltera durante más de dos años. La gente a veces me pregunta si me siento sola; honestamente, no. No he tenido muchas relaciones, solo tres. Déjame contarte un poco sobre ellos.

Con mi primer amor, me encontré atada a una vida en la que dar se convirtió en mi mayor alegría. Mi esposo era todo lo que había imaginado: un hombre cariñoso y trabajador que me hacía sentir como si fuera el centro de su mundo. Creía que, como su esposa, mi papel era traerle felicidad, apoyar sus sueños y llenar nuestro hogar de amor. Y así, convertí nuestra vida juntos, creando un lugar lleno de amor y alegre con él y nuestro gato gordo, Patches. Con cada momento, su afecto y cada gesto tierno, se sentía como si hubiéramos encontrado el secreto de la felicidad. Vivimos en armonía. Pero con el tiempo, me di cuenta de que había perdido pedazos de mí misma en el camino. Cuando nuestra historia llegó a su fin, encontré un nuevo comienzo. Aprendí a amarme a mí misma primero y a no perderme en una relación.

Mi siguiente relación fue divertida. Lo conocí en el trabajo, un hombre con una confianza que me atrajo, un espíritu que hacía que cada día se sintiera como una aventura. Nuestro tiempo juntos estaban llenas de cenas nocturnas y fines de semana llenas de risas y diversión. Sus gestos generosos me recordaban que era apreciada. Me traía pequeños regalos cuando compraba para sí mismo, un dulce recordatorio de que yo estaba en su mente. No estaba con él por los regalos, realmente disfrutaba pasar tiempo con él. Nos reímos, compartimos momentos especiales y creamos recuerdos que llenaron mi corazón de alegría. Pero eventualmente, sentí que nuestra relación no era para toda la vida. Cuando nos despedimos, me aferré a la alegría y a cada momento precioso que compartimos.

Luego vino mi historia de amor más larga: una amistad convertida en romance, un amor que creció de forma natural. Había sido mi confidente durante años, alguien en quien confiaba con todos mis secretos. Cuando finalmente confesó sus sentimientos por mí, mi corazón saltaba de emoción y preocupación. Él era más joven, y siempre me habían atraído los hombres mayores, pero su sinceridad calmo mis reservas. Nuestra amistad floreció en algo más, y pronto, fuimos inseparables. Compartimos el amor por la política, la risa y las interminables conversaciones. Juntos, exploramos nuevos lugares, creamos recuerdos y construimos un amor que se sintió divertido y fundamentado al mismo tiempo. Cuando se mudó por trabajo y me pidió que me fuera con él a una nueva ciudad, me emocioné, imaginando un nuevo capítulo juntos. Sin embargo, a medida que la distancia se extendía entre nosotros, perdimos interés y finalmente nos distanciamos.

Cada amor, a su manera, estaba lleno de calidez, risas y momentos especiales. Y a través de estas experiencias, encontré el amor que quería, no solo con otra persona, sino también conmigo misma. Lo interesante de todo es que mi mamá siempre me apoyaba en todo pero me daba muchos consejos. Ella siempre compartía su perspectiva con respeto. Pero la verdad es que ella tenía razón en tantas cosas. Ellos son buenos hombres. Y como dicen los predicadores, entraron a mi vida con un propósito y por una temporada.

Dios no nos creó para estar solos. Sé que Dios tiene a alguien para mí. Ahora sé que no debo cometer los mismos errores. La paciencia es una virtud que no poseo. Pero, escuché que las mejores cosas llegan a los que esperan. Así que esperaré. Las cosas pasan cuando no las estás buscando. Dios es un Dios de lo imposible. Puede hacer que cualquier cosa suceda de repente, incluso lo que creemos que es imposible. Porque no hay imposibles para Dios.

Y aunque me han decepcionado en el pasado, mi corazón esta abierto para conocer gente nueva. Me encanta hablar con personas de todos los ámbitos de la vida. Estoy constantemente buscando hacer conexiones. Me siento optimista de que haré nuevos amigos y ojalá, duraderos.

La Moda Es Un Estilo de Vida

Desde que tengo memoria, siempre me ha encantado la moda. Cuando tenía seis años y acababa de llegar a Nueva York, mi mamá nos llevó a B y a mí a comprar ropa. Viniendo de un clima cálido, necesitábamos ropa adecuada para los inviernos brutales. Aunque no tenía otra opción en lo que compramos, mi mamá siempre escucho mis comentarios cuando se trataba de estilo. Cuando vivía en Guatemala, mamá Marta me vestía con ropa enviada por mi mamá desde los Estados Unidos. Recuerdo que me encantaban los vestidos que mandaba. Me sentía como una princesa. Mamá

Marta estaba obsesionada con los rizos de Shirley Temple y así me peinaba.

Cuando era adolescente, todavía dependía de mi mamá para comprar ropa de en una tienda local de Graham Avenue en Bushwick, Brooklyn. Esa tienda vendía moda rápida a un precio barato. Con cuarenta dolares podría conseguir casi cinco atuendos. Me encantaba ir allí. Todos los viernes, llevaba un atuendo nuevo a la escuela. Y mi mamá igual al trabajo. Asi me acostumbro. Pensé que mi mamá era la mujer más linda y elegante de este planeta, y quería ser como ella. Ella tenía tacones de todos los colores, y sabía que yo también tendría una colección de zapatos algún día. Tenía un par azul claro en particular que me encantaban. Ella los usaba con jeans y una blusa azul clara. Me di cuenta de que coordinaba bien sus colores.

Siempre jugaba con el maquillaje de mi mamá cuando ella trabajaba. Clinique es su maquillaje preferido. Me ponía su maquillaje, sombras de ojos, máscara y, mi favorita, su lápiz labial corinto. Su bolsa de maquillaje olía a su perfume favorito. A veces, me ponía sus tacones y fingía ser sofisticada y hermosa, como ella. Como ella llegaba a las seis de la tarde del trabajo, a las cinco me lavaba la cara, empezaba a hacer la cena y poner la mesa. Me pedía que le limpiara su cartera todos los viernes por la tarde. Me encantaba encontrar nuevos productos o chicles. Pero lo que mas me gustaba era el olor de su perfume. Es un perfume muy especial que no se lo he olido a nadie más.

Mi mamá tomaba la moda en serio. No era solo un pasatiempo sino un estilo de vida. Se inscribió en el Instituto de Moda de la ciudad de Nueva York.

Se especializó en diseño de moda. Me emocionaba al oír de sus cursos y me ofrecí para ser su modelo. Un día, su tarea era hacer un bracier. Dijo que me haría uno. ¡Ay dios mío! Hizo el bracier demasiado apretado. La banda y los ganchos estaban demasiado apretados. El material no tenía elasticidad. El material estaba hecho de algodón. Ese bracier me cortaba la circulación. No quería herir sus sentimientos, pero no podía usarlo. Cuando vio lo apretado que estaba, lo arregló añadiendole un pedazo de elástico en los lados. Más tarde comenzó a hacer blusas, camisas de hombre y vestidos usando patrones que cortaba. Creo que incluso le hizo a B una chaqueta.

Cuando empecé a ganar dinero, compré todos los zapatos que quería. Se me fue de las manos, no puedo mentir. Pero esa no era mi única obsesión.

Estoy obsesionado con los vestidos. Queriendo presumir de ellos, empecé mi propio canal de YouTube. Tengo uno en español y otro en inglés. Los títulos los puedes encontrar en la primera pagina de ese libro. La idea no era modelar ninguno de los vestidos. La idea principal era crear un espacio donde las mujeres se sintieran escuchadas y apoyadas. Las primeras etapas de YouTube fueron desafiantes porque necesitaba encontrar temas que las mujeres encontraran interesantes. Sin embargo, rápidamente se convirtió en un desfile de moda en casa. Aunque no soy alta ni delgada como la mayoría de las modelos, quiero mostrar a las mujeres que todas somos hermosas y que venimos en todos los colores y tamaños. La respuesta de los espectadores ha sido genial. No me arrepiento en absoluto. Me diverto vistiéndome; lo creas o no, alimenta mi autoestima aun mas.

He coleccionado mucha ropa, zapatos y bolsos a lo largo de los años. Dono a organizaciones que sirven a las mujeres. Dos de las organizaciones a las que he donado son Dress for Success y St. Mary's Clothing Drive. También dono a personas en Guatemala. Toda la ropa está en muy buen estado. Me parece que purgar mi armario me hace sentir bien. Dicen que si no has usado una pieza de ropa en 12 meses, deberías deshacerte de ella. A veces, es difícil deshacerse de las piezas. Confieso que soy una acaparadora de ropa. No estoy seguro de por qué; tal vez algunos artículos de ropa o bolsos tienen recuerdos especiales que no quiero dejar ir. A veces, me encuentro mirando una prenda de ropa y diciendo: "Guardaré esto para una ocasión especial", o "Voy a perder peso, y podré usar de nuevo." Supongo que no estoy sola, ¿eh?

Curiosamente, desde que empecé mi canal de YouTube, he subido algunos vídeos de moda, y son los vídeos con más vistas. El mundo de la moda es muy vasto. Hay amantes de la moda en todo el mundo que están interesados en ver este tipo de contenido. Me encanta el proceso de pedir la ropa, organizar las piezas, filmar el contenido, editar y subir el video. Cuanto más lo hago, más ropa quiero comprar. Pero, ¿dónde la pondría? Mis armarios ya están muy llenos. Supongo que necesito un vestidor. ¡Aclamo que mi vestidor está en camino!

Mi Relación Con La Comida

Era un niña normal de nueve años, viendo televisión cuando un día, mi mamá me llamó y me pidió que la acompañara a la cocina. Le dije que estaba ocupada viendo la tele, a lo que ella dijo que solo tomaría un minuto. Me acerqué, y ella tenía una taza medidora, arroz blanco y una olla pequeña en la mano. Estaba desconcertada. Dijo que me iba a enseñar a cocinar arroz. Muy cortésmente le dije que no, y ella se rió. A ella prácticamente no le importaba que yo no tuviera interés en aprender. Me pidió que midiera una taza de arroz y la pusiera en la olla con agua. Ella explicó la importancia de lavar el arroz, medir el agua y cocinarlo en la estufa. Seguí sus instrucciones y aprendí a hacer arroz ese día. Aunque estaba orgullosa, también esperaba que esto fuera algo de una sola vez.

Otro día, la llamada a la cocina fue para mostrarme cómo marinar el pollo y cocinarlo en el horno. A continuación, aprendí a hacer una ensalada y luego pasta. Para no hacer mas largo el cuento, hice la cena todos los días durante meses. Ella trabajaba en la ciudad y no llegaba a casa hasta las 6 de la tarde. En retrospectiva, no solo me estaba preparando para convertirme en una mujer independiente, pero mi mamá ¡tenía hambre! No la culpo en absoluto. Yo llegaba a casa de la escuela a las 3:30 p. m., así que tenía tiempo de sobra para preparar la cena. En poco tiempo, aprendí a cocinar y a poner la mesa. Cuando mi mamá llegaba a casa del trabajo, no tenía que hacer nada. A pesar de que no me gustaba cocinar, lo hice porque ella me animaba. También me sentía culpable de que mis padres trabajaran tan duro para darnos una buena vida para B y para mí. Esta era mi forma de devolverle a mis padres. Mientras aprendía a cocinar, quemé una o dos cosas, pero mi mamá nunca perdió los estribos ni me gritó. Ella me animaba a mejorar y me felicitaba, incluso cuando metía la pata. Pero tengo que admitir que me gustaba comer lo que preparaba.

No siempre tuve una buena relación con la comida. Cuando estaba en la escuela secundaria, me di cuenta de que empecé a verme un poco más llenita. Mi pecho se había visto más grande. Empecé a sufrir problemas de imagen corporal. Siempre había sido delgada. Mi tía incluso me llamaba "seca" por esa razón. Seca significa flaca o delgada en Guatemala. No quería estar gorda. Así que dejé de comer. Pensé que estar delgada me haría lucir mejor. Bebía café helado por las mañanas, no almuerzo y no cena. Bebía mucha agua para suprimir el hambre. Preparaba la cena y nos sentabamos en familia a comer. Siempre jugaba con mi comida y actuaba como si hubiera comido demasiado. Curiosamente, mis padres no se dieron cuenta de que estaba adelgazando. Ya era anoréxica. Hasta me daba basca el olor de la comida. Me encantaba que mis jeans me quedaran un poco más grandes cada vez que los usaba. No me di cuenta de lo delgada que me había vuelto hasta una tarde, mi amiga y yo fuimos a un centro comercial y nos tomamos fotos en un fotomatón. Cuando salieron las fotos, me sorprendió lo que vi. Estaba tan delgada que me veía mal. No me reconocí a mí misma en esas fotos y no me gustó, así que empecé a comer de nuevo. Pero como no había comido en unas semanas, me daba náusea al ver la comida. No podia vomitar porque no tenía nada en el estómago. Era una lucha. También me sentía fatigada. No podía decirle a nadie sobre mis problemas de peso, así que poco a poco empecé a comer yogur y sopa. Luego, seguí con pan, y así sucesivamente pude llevar una alimentación normal. Probe la dieta vegetariana por mucho tiempo y me sentía mejor. Después de muchos años, empece a querer una hamburgesa y descubrí un restaurante vegetariano que venden hamburgesas veganas. Hoy, como de todo pero con moderación.

Una vez le pregunté a mi mamá por qué me obligó a cocinar a una edad temprana. Ella dijo que quería prepararme. Ella no quería que sufriera cuando me casara. No lo entendí en ese momento. Desafortunadamente, a mi mamá no le enseñaron a cocinar porque su familia era extremadamente pobre. Fue criada por mi bisabuela Rosa, que hacía toda la comida. Cuando mi mamá se casó, no sabía cocinar. Ella no quería que pasara por eso. Ella dijo que un día se lo agradecería. Cuando me casé, cocinaba todo el tiempo. A mi exesposo le encantaba mi comida, lo que me hacía feliz. Descubrí diferentes tipos de comida y seguí todo tipo de recetas. Entonces entendí lo que mi mamá dijo sobre prepararme para el matrimonio.

A los 24 años, había subido mucho peso otra vez. Mi dieta no había cambiado y todavía disfrutaba de las mismas actividades. El aumento de peso me hizo sentir insegura, también muy fatigada. Me faltaba energía. Hice una cita con mi médico. Con los resultados del laboratorio en mano, mi doctor me diagnostico con hipotiroidismo. Eso explicaba mi fluctuante aumento de peso. Eso también explicaba mi fatiga excesiva. La fatiga fue tan grave que era difícil levantarme de la cama. Hasta la fecha, lucho con los síntomas y algunos días son mejores que otros. Ahora soy intencional con los alimentos que consumo. Seguir una dieta saludable marca la diferencia. Aun siento que solo en ver la comida, aumento de peso. No es fácil.

Hoy en día, estoy obsesionada con la comida y la cocina. Veo vídeos de YouTube sobre cocina, repostería y entretenimiento. He probado muchas recetas y he recreado algunas recetas de YouTubers. Aunque no soy un amante de la carne, me encanta cocinar carne, y la como de vez en cuando. Mi canal de YouTube también tiene una lista de reproducción, Cooking with JB, con algunas recetas que he compartido. También tomar fotos de mis platos se ha convertido en una parte importante de mis redes sociales, publicando en Instagram de vez en cuando. Pero sé que tengo que publicar mas seguido. ¿Quién lo hubiera adivinado? De niña no soportaba estar en la cocina y ahora nadie me saca de allí.

Energía Intuitiva

No quiero ofender a nadie, así que si este es un tema delicado, por favor omita este capítulo y solamente ore por mí. Sin embargo, estas son mis experiencias en esta vida.

Creo en la energía intuitiva. También creo que es parte de mi cultura y patrimonio. He tenido muchas experiencias desde los doce años. Algunos los he compartido con mi mamá y otros los he guardado para mí. No juzgo a las personas que creen en otras religiones o cuyas creencias no se alinean con las mías. No juzgo. Todo el mundo tiene el derecho a creer en algo. Tampoco forzaría ni impondría mis creencias a nadie más.

Ser parte de una iglesia o religión es importante, pero a lo largo de los años me he dado cuenta de lo importante que es ser compasivo y ser un buen ser humano. Hay gente muy religiosa que es egoísta, ambiciosa, y que buscan poder y control. Desafortunadamente lo préciense en la iglesia que visitaba con mis padres. Las mismas personas que ofrecían el cuerpo y sangre de Cristo en la misa, eran las mismas personas que hacían sentir mal a los demas y empesaban chismes para ellos verse bien ante el pastor de la iglesia. Mi tía siempre a dicho que la salvación es individual. Mi salvación es entre Dios y yo, así que deje de prestarle atención a la distracción.

También préciense la otra cara de la moneda. Personas que aunque no están metidas en la iglesia seguido, hacen el bien al prójimo. Esa cualidad la he visto en mi mamá. Ella no es una persona religiosa, pero es espiritual. Siempre está buscando formas de ayudar a los demás. Ella es muy empática. Su corazón es más grande que ella. A veces me preocupa que la gente se aproveche de su amabilidad. Pero ella no está preocupada. Así que solo observo desde la distancia y me aseguro de que esté bien y que sea feliz. Eso es todo lo que me importa.

Cuando solo tenía tres meses me enfermé mucho. Tenía todos los síntomas de la fontanela hundida. Los médicos no pudieron ayudarme y seguí empeorando. Mi abuelo materno sugirió que mi mamá me llevara a una "curandera" que él visitaba. Los curanderos usan hierbas y plantas para aliviar a la gente enferma. Mi mamá estaba desesperada y me llevó. La curandera vivía en las montañas lejos de la ciudad. Me contaron que la ella usó un huevo, hierbas y plantas para curarme. Funcionó. De último, le dijo a mi mamá y a mi abuelo que alguien le pasó el mal de ojo o maldición a mi mamá cuando estaba embarazada de mí. Y que absorbí la mala energía y que por eso nací enferma. Eso probablemente explicaba por qué su embarazo y parto conmigo fueron tan problemáticos. Sé que hay personas que no creen en los curanderos. Pero si hay gente que recibio dones de Dios para ayudar a otras personas. Eso es lo que paso conmigo cuando era bebé.

Cuando tenía doce años, mi papá recibió una llamada diciendo que mamá Marta estaba en un hospicio. Le habían diagnosticado cáncer hace meses, y su condición empeoró rápidamente. Tuvo que volar a Guatemala ese mismo día, quería verla antes de que ella falleciera. Le rogué que me dejara ir con él, pero me dijo que no. Dijo que tenía que ir a la escuela. Me dolió mucho que no me llevara.

Ella ya sabía que no tenía mucho tiempo. Nos había llamado unas semanas antes y pidió hablar con B y conmigo individualmente. Cuando fue mi turno, me dijo: "Mamita, ¿como esta?" Con su acento guatemalteco. Respondí que estaba bien y devolví la pregunta. Dijo que estaba un poco enferma, pero solo quería que supiera que me quería mucho.

Ella dijo: "Mamita la quiero mucho y siempre voy a estar con usted." No sabía que tenía cáncer. Pensé que tenía gripe o algo así. Pero cuando escuché su voz y sus palabras, tuve la sensación de que nunca volvería a hablar con ella. Sentí una tristeza que nunca había sentido antes. Ella llamó para despedirse.

Unos días después de esa llamada telefónica, tuve un sueño con mamá Marta. Soñé que ella y yo nos fuimos de compras cerca de mi casa. Fuimos a mi tienda favorita en Graham Avenue. Me estaba probando un par de jeans dentro del camerino. El espejo se encontraba fuera del camerino. Salí y me paré frente al espejo, pero no me vi a mí misma. Vi a mamá Marta de pie frente a mí. Ella estaba sonriendo. Lo único que podía ver eran sus dientes blancos y su lápiz labial rojo. No se lo mencioné a mis padres hasta años después. Crecí escuchando que si sueñas con dientes o con la caída de dientes, significa que alguien va a morir. Pero no conecté inmediatamente este sueño con mi abuela.

Lamentablemente, mamá Marta falleció el mismo día que mi papá viajó a Guatemala. Afortunadamente, mi papá y sus hermanos pudieron verla y hablar con ella antes que muriera. Esa noche sonó nuestro teléfono. Mi mamá respondió y mi papá dijo: "Acaba de morir mi mamá." Lo escuché con tanta claridad y empecé a llorar. Fue un dolor abrumador que nunca había sentido antes. No lo podía creer. Aunque no vivía con ella por mucho tiempo la quería mucho por todo el amor que nos dio a B y a mí. También porque nos cuidó cuando éramos pequeños.

Le dije a mi mamá, "¡No, no, no! ¡Acabo de hablar con ella hace dos semanas!"

Quería despertar a B para darle las malas noticias, pero mi mamá lo prohibió.

Ella dijo: "Jetitos, déjalo dormir, se lo diremos por la mañana." Me jaló y me abrazo muy fuerte. Me dijo que estaba bien que llorara y que sacara todo ese dolor del pecho. También me dijo que mama Marta ya estaba con Dios y ya no estaba sufriendo.

Lloré y lloré y lloré. Me quedé dormida en los brazos de mi mamá esa noche.

Lloré su muerte durante mucho tiempo y me enojé con mi papá por no dejarme verla mientras todavía estaba viva. Una semana después de que mi papá regresara de Guatemala, mamá Marta me visitó. Estaba durmiendo una noche y sentí que mi mano izquierda se movió. Se movió y tocó mi mejilla. Me despertó. Moví la almohada y me cubrí con las sábanas sobre el pecho. Me volví a dormir. Momentos después, volvió a suceder. Me desperté de nuevo, pero esta vez sentí una presencia en mi cuarto. Las luces estaban apagadas, pero pude ver que no había nadie en mi cuarto. Empecé a sentirme un poco asustada cuando, de repente, sentí que alguien me estaba acariciando la pierna. Inmediatamente me levanté para abrir la ventana de mi dormitorio para tomar un poco de aire fresco. Había una escalera de incendios justo afuera de mi cuarto. Al abrir la ventana, miré hacia abajo en la acera y vi a una mujer vestida de blanco con el pelo largo y blanco mirándome. Su vestido parecía un camisón blanco. La piel de ella era blanca, no palida, blanca. Me asustó tanto que empecé a gritar, pero ¿sabes lo que pasó? Mi voz no tenía sonido. Abrí la puerta de mi dormitorio para caminar hacia el dormitorio de mis padres, pero estaban dormidos. Intenté llamarlos y, de nuevo, no salió ningún sonido de mi boca. Encendí las luces de mi cuarto y me senté en mi cama hasta que me quedé dormida.

La mañana siguiente, se lo conté a mi mamá y sin pensarlo dijo que era mi abuela Marta. Dijo que mamá Marta me visitó y me acarició la pierna para hacerme saber que estaba bien. Y que era su forma de decirme que no debería estar triste. Le hablé de la señora de blanco. Mi mamá dijo que probablemente era un ángel. Yo pensé que mi mamá no me hiba a creer y que lo había inventado, pero me creyó. Ella no parecía sorprendida. Aunque amaba a mi abuela, ya no quería que me visitara. Mc asustó. Pero años después, ella volvería a visitarme.

Durante mi mandato en la oficina de la defensora, también conocí a gente interesante. Dos en particular me intrigaron. Una era la señora de la limpieza de la oficina. Se llamaba

Kate. Era una mujer mayor, de tez oliva, delgada y de unos cinco pies de altura. Ella limpiaba nuestra oficina a la hora del almuerzo y siempre me preguntaba si necesitaba algo. No estoy segura por qué me buscaba a mí, pero llegaba específicamente para hablar conmigo. Un día me dijo que yo no podía tener hijos porque mi útero estaba torcido. Ese comentario salió de la nada. Me quedé tan sorprendida porque estábamos conversando sobre cuánto tiempo llevaba trabajando para la ciudad. Cuando ella hizo ese comentario, no respondí.

Ella dijo: "Puedo verlo. Necesitas ayuda para alinear tu útero. También tienes un bloqueo. Una vez que se limpie ese bloqueo, podrás concebir. Si concibes sin la limpia, puedes sufrir un aborto espontáneo o miscarriage. Yo puedo ayudarte si quieres." Ella dijo. Cortésmente me negué.

Con todo lo que había sufrido recientemente con Tommy, lo último de lo que quería hablar era de bebés. Un día, pasó por mi oficina y me trajo una botella de plástico con un líquido negro. Ella dijo que si cambio de opinión sobre la concepción, que bebiera ese remedio casero. Estaba muy asustada. La eché de la oficina y le pedí que se llevara la botella con ella. Le pedí que nunca volviera a hablar de esas cosas o la iba a reportar. Empecé a evitarla, así que finalmente mantuvo su distancia. Le dije a mi mamá y ella me dijo que dejara de hablar con ella y que nunca consumiera la comida que otras personas preparan. Pero no tuve que preocuparme porque Kate nunca más se acercó a mí. Lo interesante es que ese mismo año durante un examen de rutina con mi ginecóloga, me dijo que mi útero estaba dislocado.

La otra persona que conocí era una constituyente a la que estaba ayudando con su solicitud de vivienda. Originalmente visitó la oficina para preguntar el estado de su solicitud de vivienda. Hablé con ella y le expliqué la carta que había recibido de NYCHA. Ella llamaba regularmente para saber de su solicitud. Pero un día, en julio de 2008, me llamó para hablar conmigo sobre algo completamente diferente. Ella llamó a mi linea directa y esto es lo que ocurrió durante la llamada.

Sonó mi teléfono y respondí: "Jessica Burgos." "Hola, Sra. Burgos, soy Denny."

"Hola, Denny, ¿cómo está? Déjeme llamar a NYCHA por teléfono para preguntar sobre el estado de su solicitud." Dije.

Ella respondió: "No estoy llamando por la solicitud. Tengo que hablar contigo sobre otra cosa."

Dije: "Está bien."

Continuó: "No estoy segura si me vas a creer, pero tengo visiones. Y tuve una visión contigo. Y vi que te van a ascender de puesto."

Me reí. "Denny, no hay vacantes en la oficina que pueda solicitar."

"Se acerca. Y también vi a un hombre en tu vida. Este hombre está más cerca de lo que sabes. Es alguien con quien trabajas." Pensé que tal vez estaba hablando de uno de los abogados de la oficina que me había invitado a cenar dos años antes. Le mencioné el nombre del abogado, y ella me dijo que no era él.

También pensé que lo estaba inventando. Pero, cuatro meses después me ascendieron a subdirectora de mi unidad. Y dos meses después empecé a salir con un colega, mi mejor amigo y el mismo con quien pase mas de 10 años.

Meses después, Denny llamó otra vez. Durante la breve llamada, le dije que sus visiones se habían cumplido. Lo que no le conté es que seis meses antes de su predicción, tuve un sueño con ese mismo amigo. Soñé que me había besado y que al despertar me sentí rara porque era mi mejor amigo. Yo no me sentía atraída por él. Me dijo que estaba muy enamorado de mi pero que una mujer iba quitármelo con mañas pero que íbamos a estar juntos por mucho tiempo. Le dije que lo iba poner el manos de Dios.

Sus visiones me intrigaron. Ella explicó que su don funcionaba diferente.

Ella recibía visiones inesperadas o información en forma de palabras. No era como si pudiera llamarla y preguntarle sobre algo específico. Me llamó un par de veces con otras visiones tan delicadas que no puedo repetirlas. Lo que puedo decir es que todo se cumplio. Después de que expirara el mandato de la defensora y el personal fuera despedido, perdimos el contacto.

Curiosamente, cuando trabajaba para la defensora, también tuve otras experiencias espirituales. Mis días estaban llenos de trabajo y mis noches estaban llenas de eventos sociales en la ciudad. Casi nunca me iba directamente a casa. Y al final del día, estaba agotada. A veces no cenaba, me duchaba y me iba a la cama. Y una vez que me quedaba dormida, dormía toda la noche.

De repente, empecé a despertarme a media noche sin ninguna razón. Nunca había sucedido antes. Me despertaba sintiéndome como si alguien estuviera en mi habitación, junto a mi cama, mirándome. Abría los ojos y no había nadie allí. Lo que me preocupaba era el miedo que sentía. A veces me sentía aterrorizada porque me ponía la piel de gallina por todas partes. Ocurría todos los días a las 3 de la mañana en punto. Nunca fallaba. La primera persona que me vino a la mente fue mi abuela, mamá Marta. Ella me había visitado después de su muerte. Tal vez volvió, pensé. Pero en el fondo sabía que no era ella.

Al principio, no se lo dije a nadie. Me lo guardé porque no quería que nadie pensara que me estaba volviendo loca. Esto sucedió casi a diario y no sabía cómo manejarlo. Fui a la iglesia todos los domingos y le pedí a Dios que quitara esta mala energía de mi habitación. Trabajé más horas pensando que me cansaría mas y me dormiría más rápido. Nada funcionó. Cualquier energía que había en mi habitación, me despertaría. Empezaba a rezar y a llamar a Jesucristo para que me ayudara a conseguir el sueño. Dormí con la Biblia al lado de mi cama. Puse música religiosa por la noche. Había noches en las que estaba despierta por horas. El problema era que me levantaba a las 6:30 de la mañana todos los días. Con solo dos o tres horas de sueño, era difícil funcionar durante el día. Ya estaba física y espiritualmente agotada.

Un día, compartí mi experiencia con cuatro personas. Se lo dije a mi tía, que es pastora y misionera, a la recepcionista en el trabajo porque es pastora, a mi mejor amiga en ese momento y a mi mamá. El consenso fue que esta energía era malvada y que alguien hizo brujería para hacerme daño. Todas dijeron lo mismo, que esa energía no era de Dios. La primera persona que me vino a la mente fue la niñera. Ella era la única persona que conocía que practicaba rituales oscuros. Tal vez ella todavía me odiaba por mi desafío. No sabía qué pensar. Mi tía y la recepcionista me dijeron que les dijera a los demonios que se fueran de mi casa en el nombre de Jesús. Me dijeron que abriera la ventana y exigiera que se fueran. Dijeron que tenía que hablar con autoridad. Esa noche, me desperté e hice lo que me dijeron. Les dije a los demonios que abandonaran mi habitación en el nombre de Jesús y que no tenían lugar en mi casa o en mi vida. ¿Sabes qué? No funcionó. Todavía me sentía asustada y no podía dormir.

Esto duró semanas. Pero una noche, estaba muy cansada y de mal humor. Me quedé dormida y como un reloj, alrededor de las 3 de la mañana me despertaron. Estaba enfurecida. Me levanté, abrí la ventana, encendí las luces y le grité al demonio o demonios. No solo les dije lo que dijo mi tía, sino que también agregué un par de malas palabras. Tuve que estar enojada porque nunca digo malas palabras. Y funcionó.

Aunque ahora duermo sin problema, hay momentos en los que siento la presencia de alguien en mi casa. Soy extremadamente sensible a la energía. Escucho pasos en el pasillo de mi edificio. También veo sombras. Escucho a alguien llamándome por mi nombre. La mayoría de las veces no me asustan. He aprendido a vivir con los espíritus. Hablo con ellos y les digo que no me molesten ni me asusten. Rezo por sus almas. Mi mamá siempre reza por mí y conmigo.

¿Recuerdas a mi amiga Regina, que estaba en silla de ruedas durante el 11 de septiembre? En 2010 murió de cáncer. Me entristeció enormemente. Sobre todo porque habíamos cenado semanas antes de su muerte. Unas semanas después de su muerte, tuve un sueño con ella. La vi en medio del cielo. Un cielo más lindo y azul celeste. No habían nubes, un cielo claro. Estaba de pie en el aire, con jeans azules claros, una camiseta blanca y zapatillas blancas. Entonces, de repente, empezó a caminar hacia mí. No había silla de ruedas. Ella se veía inmensamente feliz. No paraba de sonreír. Su cara brillaba.

El domingo siguiente, fui a la iglesia con mi mamá. El sacerdote estaba dando su sermón y dijo que el cielo es el paraíso. Dijo que nuestros seres queridos que están en el cielo con Dios son felices y están completos. Él dijo que la enfermedad no existe en el cielo. Dijo que una vez que nuestros seres queridos entran en el cielo, Dios los hace completos y disfrutan la felicidad eterna. Era como si estuviera confirmando mi sueño con Regina. Entonces entendí que Regina me visitó en el sueño para hacerme saber que ya no estaba sufriendo porque estaba con Dios.

Durante el tiempo que estuve desempleada, había ido a Atlantic City, Nueva Jersey con algunas amigas. Una de ellas quería animarme porque estaba decepcionada por no encontrar trabajo. Fue un viaje rápido de un día. Tan pronto llegamos, estacionaron el carro y nos dirigimos al bufé. Después del almuerzo, pasamos un rato en el paseo marítimo. Era un día caluroso y tenía antojo de una limonada helada. Nos detuvimos en una de las tiendas de concesión que estaba al lado de un puesto de cartas tarot y también leían la mano. Mi amiga dijo que siempre quiso que le leyeran la palma de la mano. Todas la seguimos. Me intrigó saber si ella realmente podía predecir el futuro. Después de todo, Denny lo hizo. La señora gitana cobraba cinco dólares. No quería que la señora me tocara la mano, así que opté por las cartas del tarot.

Me senté y ella me preguntó mi nombre. Empezó a barajar y a tirar cartas sobre la mesa y me leyó. Me dejó boquiabierta. Lo primero que me preguntó fue: "¿Quién es Marta?" Pero no respondí. Continuó: "Marta siempre está contigo. Ella está detrás de ti ahora mismo." Sentí un cálido calor en la piel. Como si me estuviera asoleando. Como si mamá Marta me estuviera abrazando.

Entonces la señora dijo que me vio llorar por un bebé. Yo todavía no había dicho nada. Continuó y dijo que vio a una mujer de piel clara con pelo rubio que me odiaba y que no era una buena persona. Por último, mencionó a un hombre con un uniforme azul que me quería mucho. Ella dijo que él siempre piensa en mí. También dijo que podía hacer una pregunta. Le pregunté si iba a encontrar trabajo porque estaba desempleada. Ella respondió: "Trabajarás de nuevo, pero no pronto." Puse los cinco dólares sobre la mesa y salí. Ella vio a mamá Marta, vio el uniforme de trabajo azul de Tommy, el bebé de Tommy y su amante. Sabía en mi corazón que la mujer rubia era la amante. Nunca la había visto pero mi corazón me decía que era ella. Cuando todavía estábamos casados, no sabía de su aventura. Y un día encontré un montón de mechones de pelo rubios en su chaqueta de uniforme. Pensé que Tommy y su amante eran cosa del pasado, pero estaban presentes en esa lectura. Me decepcionó saber que no encontraría trabajo pronto. Pero ella no estaba mintiendo. No conseguí trabajo hasta el año siguiente. Cuando llegué a casa le conté a mi mamá sobre la lectura de tarot y me pidió que no volviera a hacerlo. Ella dijo que algunas personas estafan a otros. Entiendo lo que quería decir, pero sigo creyendo que Dios le ha dado dones a ciertas personas. ¿Porque soy hipersensitiva a la energía o a los espíritus? ¿Y la visita de mamá Marta cuando tenía 12 años? ¿Y todos mis sueños? Soñé con el embarazo de mi amiga, los dientes de mamá Marta, mi expareja y Regina en el cielo. Por más que trato de ignorarlo, más preguntas tengo.

A principios de este año, tuve una experiencia en la casa de Yaya. Mi tío falleció en abril. El día que murió, estaba en su casa con mi mamá, B, su asistente de casa, mi tía y dos primas. Todos estábamos devastados y necesitábamos estar con Yaya. Era tarde y nos estábamos preparando para irnos a casa. Estaba en la sala viendo su colección de fotos. Me sorprendió ver que Yaya todavía tenía la foto de mi boda en exhibición. No había visto una foto de Tommy en mucho tiempo, me inundaron los recuerdos de mi boda. Entonces, de repente, sentí dos toques en el hombro derecho. Como si alguien estuviera tratando de llamar mi atención. Me tocaron dos veces. Di la vuelta y estaba sola. Los demás estaban en la cocina. Inmediatamente supe que era un espíritu. En mi corazón, sabía que era mi tío Juan Carlos. No el tío que había muerto ese día. Juan Carlos habia fallecido hace dos años. Mi tío juguetón que me llamaba Jacinta Pichimawera. Sí, fue Juan Carlos quien me tocó. Sentí un nudo el la garganta pero me hice la fuerte y me despedí de Yaya. Cuando llegamos a casa, le conté a mi mamá. No estaba segura de si me iba a creer, pero si. Ella estaba tan dolida por la pérdida de mi tío que no quería hablar. Ya no dije nada más.

Y más recientemente, tuve un sueño con Tommy y la mamá de su hijo. Soñé que todos nos estábamos graduando de la universidad y en la ceremonia ella me abrazó. Él también estuvo allí. Parecía triste. También me abrazó y ese abrazo duró lo que parecía una eternidad. No me quería soltar. Podía oler su colonia. La misma colonia que usaba cuando estábamos casados.

Al siguiente día se lo conté a mi mamá y me preguntó por qué soñaría con ella.

De todas las personas de este mundo, ¿por qué ella? No tenía respuesta. Más tarde ese día, mi mamá me invitó a almorzar. Tenía antojo de pizza, así que fuimos a una pizzería del vecindario. Mientras nos sentábamos a comer, noté a una mujer sentada al otro lado de la pizzería mirandome fijamente. Estaba sentada con otra mujer más joven y un niño. No paraba de mirarme. Me miró fijamente como si estuviera brava conmigo. Hasta me atrevo a decir que tenía odio en sus ojos. No quería arruinar nuestro almuerzo, no le dije nada a mi mamá. Pero cuando salimos, se lo conté. Estaba molesta porque conocía la fisonomía de la mujer y podría haber confirmado si era ella. Curiosamente mi mamá había visto a la mujer en su trabajo. Mi mamá trabaja con estudiantes con necesidades especiales. Y parece que su hijo necesitaba servicios especiales.

Pero no en la clase de mi mamá, sino en otra clase. ¿Pero sabes que? Mi espíritu me dice que era ella.

Rezo constantemente. Todo está en manos de Dios. Rezo para que Él nos mantenga a mí y a mi familia fuera de peligro y a salvo. Aunque no sé si debería desarrollar esta energía o este don. Ni siquiera sé si mis sueños o mí sensibilidad a la energía pueda ser un don. De cualquier manera que la gente quiera llamarlo, acepto mi energía intuitiva porque Dios me la dio por una razón.

Mi Independencia

Para el año 2021, ya tenía tiempo trabajando para un programa de la ciudad. Y aunque mi salario pasó los seis dígitos, no era feliz. Es verdad que el dinero no es todo en la vida si no eres feliz. No me sentía inspirada por nada. Por primera vez no quería trabajar. Todos los días era una lucha para mi. Además de mis síntomas de hipotiroidismo, tenía que viajar dos horas para llegar a la oficina. Sí, dos horas en la mañana y dos en la tarde. Siempre me sentía cansada. No me sentía segura tomando el tren porque después de la pandemia, algunas personas que padecían de problemas de salud mental atacaban brutalmente a los pasajeros al azar. Entonces decidí tomar autobuses a la ciudad para mantenerme fuera de peligro. Hasta la fecha de hoy, no tomo el tren hacia Manhattan, o tomo el autobús o voy en carro. Le pedía a Dios que me abriera una puerta nueva, pero nada. Y decidí esperar en él. Porque cuando confío en él, algo bueno viene por allí.

Todos los días, leía artículos políticos de Nueva York, porque es lo único que realmente me interesaba. Y de repente, leí que las dos mujeres que sí me inspiran iban a presentarse en Nueva York el 4 de noviembre del 2021. Así que compré un boleto para ver a Huma Abedin y la Secretaria de Defensa Hillary Rodham Clinton en el 92Y en Manhattan. La presentación estaba programada para las ocho de la noche. Cuando salí del trabajo, me fui a cenar antes del programa. Llegue al 92Y a las siete de la noche y me uní a las personas en la línea. La línea estaba cerca de la puerta donde ellas iban a entrar. Cuando se bajaron de sus autos, rápido las escoltaron al camerino. Cuando llegue al auditorio, mi asiento estaba no muy lejos del escenario.

Huma Abedin estaba en su gira de libro, Both/And: A Life in Many Worlds. Yo siempre he admirado a ambas por diferentes razones. Huma fue la dama de confianza de Hillary por muchos años. Y en medio de un divorcio escandaloso siempre mantuvo la compostura. El estilo de moda de ella también es de admirar. Se comunica y comporta con mucha clase. Es muy culta y se desenvuelve muy bien en todo ámbito. Se habían dicho tantas cosas sobre ella que quise oírlas de ella misma. Ella contaría su versión de la historia. Con el boleto, al final de la presentación, me dieron su libro. No voy a mentir, lo devoré en cinco días. Me encantó. Esa misma noche empece a planear mi salida del trabajo. Huma también me inspiró para escribir mi libro.

No sabía como pero lo tenía que dejar ese trabajo. Decidí hacer otro salto de fe. Así que ahorré lo mas que pude y al final, renuncié. El primero de Septiembre del 2023 fue mi último día como funcionaria del gobierno. Y desde entonces, yo soy mi propia jefa. Fue la mejor decisión para mi vida y felicidad. Hoy soy independiente. Dejé una carrera de 25 años como funcionaria pública para trabajar en proyectos personales e importantes como este libro. Además de desarrollar mis canales de YouTube y crear contenido, voy a seguir escribiendo. La gente se pregunta por qué dejé mi carrera con el gobierno. He pasado los primeros 50 años de mi vida haciendo lo que se esperaba de mí. He tenido trabajos estupendos. Pero la verdad es que no le estaba dando prioridad a mis sueños. Ya no era feliz trabando para otras personas. Mi vida vale mucho más que trabajar de 9 a 5 y contar los años antes de jubilarme. Quiero viajar y disfrutar mi vida. Y ahora es el momento.

Mis experiencias son únicas para mí. Pero como muchos, soy una inmigrante que creció en el mejor país del mundo. Pero también llevo mis raíces guatemaltecas en mi corazón. Es la tierra que dio la bienvenida a mi nacimiento. Sé que mis antepasados me están apoyando desde más allá. Navegar ambos mundos ha sido interesante, y los amo por igual.

Lo que me espera es solo grandeza, y sé que será una vida fantástica con muchas sorpresas. Veré el mundo. Mi mamá me aconsejó una vez que viajara por el mundo. Ella dijo: "Jetitos, el mundo es tan grande, y necesitas verlo." Ella tiene razón. Aunque he viajado, todavía no he visto lo suficiente. Y quiero ver el mundo con ella.

A mis lectores: te animo a que disfrutes tu vida hoy. Explora tus intereses y talentos. Dios nos dio talentos y dones únicos. Entonces, ¿cuál es tu talento? Cuando haces lo que te gusta, lo haces bien, y no se siente como un trabajo. Vive tus sueños y te llevará a lugares que nunca has imaginado. Hazlo ahora porque los años pasan muy rápido. Creo en ti.

Gracias por permitirme compartir mi historia.

–JB

Madre Mas Linda Del Mundo

Madre mas linda del mundo,

Le doy gracias a Dios por darme a alguien como tú para ser mi mamá. Me has bendecido con tu protección, apoyo y amor incondicional. Mi historia sería diferente si no estuvieras en mi vida, si no fuera tu hija. No podría haber terminado este libro sin ti. Siempre has creído en mí. En los momentos difíciles, has sido la energía que me impulsó a seguir adelante. Estoy inmensamente agradecida por todo lo que haces por mí, y espero poder hacerte sentir orgullosa cada día. Te quiero más de lo que las palabras pueden expresar. Me llena de felicidad compartir mis sueños contigo, especialmente este libro.

Te amo.

-Jetitos

Sobre La Autora

Jessica Burgos, de ascendencia guatemalteca, se ha dedicado más de 20 años al servicio público y entiende íntimamente las necesidades de la comunidad de inmigrantes. Su viaje como inmigrante latina, reflejado en las experiencias de millones de personas, le ha inculcado un profundo amor y respeto por su nuevo hogar en los Estados Unidos, mientras continúa celebrando su rica herencia centroamericana. La familia es una piedra angular de la vida de Jessica, y atribuye su fuerza y carácter al apoyo inquebrantable de sus seres queridos.

Impulsada por la misión de empoderar a las mujeres y amplificar sus voces a nivel mundial, Jessica ha pasado de su carrera en el servicio público a perseguir su pasión de toda la vida por la escritura y las redes sociales a la edad de 50 años.

Aunque Jessica descubrió su pasión por la literatura y la escritura en la escuela secundaria, su camino académico no fue fácil. Conocida por meterse en problemas ocasionalmente, su personalidad vivaz generaba algunas interrupciones en clase, lo que no siempre agradaba a sus maestros. Sin embargo, su mamá, siempre su firme defensora, reconoció el espíritu expresivo de Jessica y la defendía con orgullo. Fue en sus clases de escritura donde el talento de Jessica realmente brillaba. Gracias a una maestra que supo ver su potencial, se sumergió en la escritura con entusiasmo y dedicación. Su destreza en la escritura le resultó útil cuando trabajó para el gobierno. Este ambiente enriquecedor consolidó su sueño de convertirse en autora. Hoy en día, Jessica canaliza sus experiencias y pasión en su escritura, que ve como el propósito de su vida, inspirando y conectando con audiencias de todo el mundo. Pero dedica su primer libro a su mamá, su mayor inspiración.

www.ingramcontent.com/pod-product-compliance
Lightning Source LLC
Chambersburg PA
CBHW072001150426
43194CB00008B/955